내가 나일 수 있는 삶, 내가 나일 수 있는 조직

강점 × 발견

김봉준·장영학 지음

책밥

본인의 커리어 성향을 구체적으로 정의하는 작업은 어려운 일이다. 그러나 저자는 핵심 역량을 어떻게 도출하는지를 잘 알고 있다. 태니지먼트는 '나'만의 무기를 찾을 수 있는 비책이다. 온라인 클래스 커뮤니티 '클래스101'에서도 모든 채용 지원자에게 태니지먼트 진단을 권하고 있다. 또 직원들이 각자의 강점에 맞는 업무를 진행할 수 있게 태니지먼트의 도움을 받고 있다. 태니지먼트는 조직 구성원이 서로 협력할 수 있는 솔루션이자 개개인의 정체성까지 알 수 있는 훌륭한 도구다. 강점을 파악하면 그렇지 않은 사람보다 일과 일자리에서 더 많은 기회를 발견할 수 있을 것이다. 나아가 "강점의 중요성을 알면 팀워크까지도 발휘할 수 있다"는 저자의 주장에 한 표를 던진다. 이 책에는 8가지 강점을 찾아 해석한 그만의 색다른 시각이 돋보이며, 문제를 해결할 수 있는 열쇠가 곳곳에 숨겨져 있다.

고지연 | 클래스101 대표이사

차별화, 브랜드, 정체성이라고 말하는 것의 정의는 '자기다움으로 지극히 정진하여 꽃을 피우는 것'이라고 생각한다. 이 책 《강점 발견》은 개인과 조직 모두가 자기다움, 즉 자기의 강점을 발견하고 발전시켜 성과를 만들어내는 훌륭한 과정을 소개하고 있다. 자신의 성장과 조직의 성공을 바라는 이라면 꼭 곁에 두고 읽기를 권한다.

김영훈 | 대학내일 대표이사

구성원의 행복과 관련하여 '자기유능감'을 고민하다가 '태니지먼트의 강점 워크숍'에 참여하게 되었다. 워크숍에 참가한 직원들은 '스스로도 알지 못했던 나의 성향과 강점, 향후 개발해야 할 점을 발견할 수 있었다'는 답변과 함께, '동료들과 나의 강점을 비교해 볼 수 있었고, 팀 내 나의 역할에 대한 확신이 생겼다'는 후기를 들려주었다. 물론 태니지 먼트의 실질적 효과를 위해서는 이후 지속적인 강점 활용이 반드시 필요하다. 그때 이 책이 큰 도움이 될 것이라 믿는다. 조직 단위 강점 워크숍을 고민 중이라면 리더의 참여 를 꼭 권하고 싶다. 리더가 참여해야 강점을 활용할 수 있는 환경이 갖춰지며, 워크숍의 결과를 현업에 잘 반영할 수 있기 때문이다.

문은호 | SK텔레콤 Value문화 Cell리더

취업이 어려운 시절이다. 이럴 때일수록 차별화된 자신만의 강점이 필요하다. 그런데 자신의 적성이나 강점을 제대로 알기가 어렵다. 어떻게 알아내야 할지도 잘 모르겠다. 그때 이 책이 필요하다. 노력하는 자보다 더 강한 사람은 즐기는 자라고 한다. 후회 없는 인생과 직업을 갖기 위해서는 같은 노력에도 더 크게 성취할 수 있는, 그래서 즐거움을 누릴 수 있는 강점을 우선 찾아야 한다. 이 책은 아직 선택의 길이 많은 창창한 대학생들 에게 길을 헤매지 않도록 안내해주는 특별한 지침서이다. 필독을 권한다.

유일근 | 홍익대학교 교수&前공학교육혁신센터장

김봉준·장영학 대표가 '태니지먼트'라는 회사 이름을 정하는 자리에 함께했던 기억이 떠오른다. 기업의 인사·전략·교육전문가로 커리어를 쌓아오며 조직의 제도와 시스템을 설계하고, 인재들을 교육하는 역할을 맡았던 두 대표가 가장 안타까워했던 것은, 많은 인재들이 자신의 재능과 강점이 무엇인지 모른다는 점이었다. 아직도 수많은 인재가 자신의 강점과 상관없는 직무에서 놀라운 성장의 가능성을 묻어둔 책 하루하루 살아가고 있다. 태니지먼트는 그 문제를 해결하기 위한 노력에서 시작되었다. 모든 사람이 자신의 강점과 재능을 정확하게 이해하고 이를 더 강화하는 훈련을 통해, 삶의 각 영역에서 '탁월함'에 이르도록 돕는 태니지먼트의 꿈이 이 책을 통해 이루어지리라 확신한다.

윤성대 | 이랜드파크 대표이사&태니지먼트 공동창업자

올봄, 우리 교회의 청년 리더 그룹과 함께 태니지먼트의 강점 워크숍에 참여했다. 그 내용에 감명을 받아 김봉준 대표에게 부탁하여 우리 가족(악동뮤지션)과 함께 한 번 더 강의와 조언을 들었다. 각자의 강점을 파악하고 그 강점들을 종합해 팀워크를 맞춰가는 과정은 매우 흥미로웠다. 본인 스스로도 잘 알지 못했던 강점과 태도를 발견하며 확신하도록 돕는 방법이 정리되어 출간된다고 하니 매우 반갑다. 강점 워크숍을 경험한 후 나는 이미 다수의 지인과 기관에 이 프로그램의 유익을 전파하고 있었다. 특히 청년들의 진로 탐색, 기업이나 기관의 효율적인 업무 배치에 매우 효과적이다. 오랜 연구와 실행을 통해 매우 객관적이고 경험적인 데이터를 확보한 이 책은 독자들이 충분히 신뢰할 만하다.

이성근 | 선교사&악동뮤지션(AKMU) 父

당신이 강점을 찾을 수 있다면 그것을 기반으로 몰입할 수 있을 것이며, 궁극적으로 삶의 질이 높아질 것이다. 성과를 이끄는 것은 업무의 몰입이고, 즐거움과 의미를 찾을 수 있는 일을 할 때 몰입은 이루어진다. 이 책은 당신과 당신 주변의 사람들이 강점과 재능을 발견하도록 안내해주어, 더 행복한 삶으로 나아가게끔 이끌어줄 것이다. 나는 이 책을 인사담당자로서 보았지만 한 개인으로서도 큰 도움을 받았다. 부디 더 많은 이들에게 도움이 되는 삶의 실용서가 되길 바란다.

유재혁 | 요기요 운영사 딜리버리히어로코리아 인재문화본부장

실패하지 않고 싶다면 약점을 보완해야 하지만, 크게 성공하고 싶다면 강점에 집중해야 한다. 이 책은 강점에 집중하라는 추상적인 메시지만 건네지 않는다. 비즈니스에서의 강점이 어떻게 정의될 수 있는지, 강점을 어떻게 발현시킬 수 있는지, 강점을 발현시키기 위한 조직 환경은 어떻게 갖춰져야 하는지까지 담아 실질적인 인사이트를 제공한다. 어떻게 강점에 집중할 수 있는지, 성공하고 싶은 사람과 조직에게 이 책이 명쾌한 안내자 역할을 해줄 것이다.

이웅 | 화해 운영사 버드뷰 대표이사

우리는 이를 악문 채로 변할 수도 있지만, 활짝 웃으면서도 변할 수도 있다. 올해 봄, 폴인 팀이 장영학 대표와 강점 워크숍을 경험하며 얻은 교훈이다. 강점 워크숍 기간 동안 서로를 칭찬하고 강점을 찾아주며 우리는 축제와 같은 시간을 보냈다. 팀원 모두 자신감을 얻었고, 서로를 깊이 이해하는 동시에 무엇을 바꿔야 할지 깨달을 수 있었다. 이 책을 읽는 여러분도 그런 따뜻한 변화의 힘을 느낄 수 있을 거라고 확신한다.

임미진 | 중앙일보 폴인 팀장

목차

2부 : **팀**을 **해석**하다

'나다움' 상실의 시대에서 나를 되찾도록

98% 30% 10%

저는 인생에서 가장 화려한 시기에 이 숫자들을 마주했습니다. 안정적인 회사에서 나름대로 인정받으며 만족스럽게 일하고 있을 때였습니다. 하지만 이 숫자들은 제 마음을 너무 불편하게 했고, 결국이들 때문에 저는 안정적인 삶과 회사를 포기하고 새로운 도전을 시작하게 되었습니다.

98% – 공무원 지원자 중 탈락의 쓴잔을 맛보아야 하는 이들의 비율. 하버드 대학교의 불합격률(95.5%)보다 높은 수치.

30% – 신입사원들이 1년 내에 퇴사하는 비율. 조사기관에 따라 50%에 가깝다는 통계도 있음.

10% – 직장에서 자기 일에 만족하고 몰입하는 비율. 반대로 생각하면 자기일에 만족하지 못하고 사는 사람이 90%나 된다는 뜻.

이 숫자들은 어쩌면 지금 우리 사회를 비추는 것일지도 모릅니다. "고3은 원래 자살하고 싶은 마음이 드나요? 고1 때만 해도 왜 선배들이 자살하려고 하는지 이해가 안 됐는데, 막상 고3이 되니 그 마음을 알 것 같아요. 너무 도망가고 싶고 답답합니다." - 한 수험생의 이야기

"지금까지 열심히 한다고 했는데, 앞으로 어떻게 해야 할지 모르겠어요. 좋아하는 게 뭔지, 잘하는 게 뭔지 진짜 모르겠어요. 다른 사람들은 다 자기 좋아하는 일을 잘 찾는 것 같은데, 저는 진짜 하고 싶은 일이 뭔지 감이 안 잡혀요." - 한 대학생의 이야기

"정말 어렵게 취업했는데, 실제로 일을 해보니 저랑 너무 안 맞는 것 같아요. 회사에서 제가 맡은 일은 별로 중요하지 않은 일인데, 매일 같은 야근에 몸은 지쳐가고, 이러려고 학교에서 그렇게 열심히 공부했나 싶어요. 요즘 회사 가기 너무 싫고 이직이 고민됩니다. 근데 사실 이직하면 경력이 단절될까 걱정이에요. 다른 회사도 비슷할 것 같은 의심도 들고요. 어떤 업무가 제게 잘 맞을지 모르겠는데 이직을 하는 게 맞을까요?" - 한 직장인의 이야기

주위에서 쉽게 접할 수 있는 이야기입니다. 저는 업무의 특성상 수많은 대학생과 다양한 직업의 사람들을 만날 수 있었는데, 안타깝게도 이와 비슷한 이야기들이 끊임없이 쏟아져 나왔습니다. 복사Ctrl+c 해서 붙여 넣기Ctrl+v 하고 있는 게 아닌가 싶을 정도였습니다. 이런 대화는 대부분 눈시울이 붉어진 채로 마무리되곤 했습니다.

도대체 무엇이 문제일까요? 중고등 학생, 대학생, 직장인, 심지어 기업의 임원들까지 무언가의 결핍으로 답답함을 안고 살아가고 있었습니다.

그런 고민을 안고 지내고 있던 차에, 제 주변 사람들 중 자신의 삶에 만족하고 의욕이 있는 사람들과 그렇지 못한 사람들을 비교할 기

회가 생겼습니다. 그들을 보면서 오랜 연구와 고민을 하고, 더불어 직원들을 훈련하고 그 삶을 지켜보며 저는 제 고민의 중요한 단서를 찾게 되었습니다.

그것은 바로 '나다움'이었습니다. 삶에 대한 만족감과 의욕이 있는 사람들은 대부분 자기다움에 대해 인식하고 있었습니다. 그리고 '나다움'에 대한 자기만의 해답을 가지고 있는 사람들은 환경의 변화에도 쉽게 대응했으며 어려움을 잘 극복해 나갔습니다.

개인의 삶뿐만이 아닙니다. 저는 인사팀에 있으면서 개인의 '나다움'이 조직에 어떤 영향을 미치는지 살펴볼 수 있었습니다. 특히 채용에서부터 '이 사람은 어떤 성격적 특징을 가지고 있고, 어떤 기여를 할 수 있는가', '이 사람의 강점을 극대화하는 직무와 역할은 무엇인가'와 같은 관점에서 지원자를 살펴보는 것은 매우 의미 있는 작업이었습니다. 실제로 '나다움'에 부합하는 역할을 분명히 인식하고 이에 대해 충분히 소통한 직원들은 회사에 대한 로열티와 일에 대한 만족도가 높았습니다.

그래서 회사 차원에서도 인재들의 특성을 이해하기 위해 다양한 성격진단 도구들을 오랫동안 사용하고 연구해왔습니다. 저희는 모든 지원자들에게 채용 과정에서 대여섯 가지의 세밀한 진단을 받게 했습니다. 그리고 입사하게 될 경우 그 결과를 본인과 동료, 팀 리더가 이해할 수 있도록 도왔습니다. 그 과정에서 30년 이상 강점을 연구한 글로벌 컨설팅 회사인 갤럽과 프로젝트를 진행했는데, 저 역시 '나다움'에 대한 이해를 넓혀갈 수 있었습니다. 이후 그룹 인재개발 팀장이자 사내 강점 코치로도 활동하면서 '나다움'에 대한 저만의 연구를 본격적으로 시작하게 된 것 같습니다.

하지만 연구를 지속하면서 몇 가지 현실적 어려움에 부딪혔습니다. 우선 목적과 특징에 따라 다양한 성격진단 도구들을 쓰고 결과를 조합해서 해석하다 보니 인사팀 소수 인원을 제외하고는 이해하기 쉽지 않았습니다. 특히나 강점을 잘 활용해야 하는 현장의 리더들에게 팀원에 대한 대여섯 가지 진단 결과를 제시했을 때 이해하기 벅차다는 반응이 많았습니다. 중요성은 인식하지만 해석이 어려워 강점 활용을 포기한 리더들도 많았습니다. 그리고 지원자들에게 이 많은 진단을 다 시키기도 쉽지 않은 일이었습니다. 긴 인적성 검사 시간으로 인해 심지어는 회사가 지원자들에게 갑질한다는 오해를 불러일으키기도 했습니다.

그래서 저는 태니지먼트TANAGEMENT를 연구하기 시작했습니다. 다양한 진단 도구들을 종합적으로 해석해본 노하우를 바탕으로 새로운 진단 도구를 개발했습니다. 그리고 주변 지인들부터 테스트와 검증을 반복했습니다.

이 도구를 연구하면서 가장 중요하게 생각했던 기준은 3가지였습니다.

· 팀이나 조직에서 쉽게 활용하고 소통할 수 있게 만들자.
· 스스로 동기부여할 수 있는 키워드를 제공하자.
· 누구나 보편적으로 훈련해야 하는 '태도'는 개인만의 '재능'과 구분하자.

이를 바탕으로 그동안 직원 수만 명의 성격적 특징과 강점, 역할과 성과를 연구해온 사례들을 체계화하였습니다. 그렇게 태니지먼트의 3가지 핵심 개념이 만들어졌습니다.

재능 나를 동기부여하고 움직이는 욕구에 기반한 특징이자 잠재력

강점 팀 내에 균형 있게 필요한 8가지 역할이자, 재능의 조합에 훈련을 더해 개발된 역량

태도 비즈니스에서 반드시 요구되는 부분으로, 강점 발현에 직간접적인 영향을 미치는 기본 소양

이렇게 만들어진 태니지먼트 진단 도구를 통해 수천 명의 사람들을 진단하고, 수많은 회사에서 강점 및 리더십 교육, 조직 컨설팅을 진행했습니다. 연구가 거듭될수록 의미 있는 변화를 경험하고 확신하게 되었습니다. 태니지먼트를 경험한 사람들의 말을 빌리자면 이렇습니다.

"한마디로 표현하면 '소름 끼친다'고 말하고 싶습니다. 매 순간 설레며 강한 흥미를 느꼈습니다. 태니지먼트를 통해 저 자신의 강점을 살펴보고 많은 생각과 경험을 돌이켜보았어요. 그러면서 강점을 활용해 좋아하는 것, 잘하는 것을 찾고 그에 도전하면서 나의 모든 에너지와 노력을 쏟으면 성장해나갈 수 있다는 마음의 변화를 느꼈습니다. 무의식적인 저의 '욕구'가 곧 '실현'이고 '성과'를 가져온다고 생

강점 발견

각하며 저 자신과의 약속을 반드시 지키고자 마음을 먹었습니다."

"일하는 동안 항상 왠지 모를 답답함이 있었어요. 그러나 나의 강점, 나의 역할, 나의 욕구를 알고 나니 안갯속 같던 미래부터 지금까지 살아온 날이 한 번에 풀리는 느낌입니다. 내가 이런 거를 좋아했지, 이거 할 때 시간 가는 줄 몰랐지, 하는 생각이 계속 들었습니다. 그리고 내가 무엇에 집중하고 어디에 몰입하며 무슨 공부를 할지, 혹은 어떤 롤모델과 경쟁하면서 10년 후를 준비할지를 알게 되었습니다."

"저는 제가 좋아하는 게 뭔지 몰랐습니다. 이 고민을 할 때마다, '나는 도움 안 되는 것만 하고 살았나?' 하는 생각을 했었지요. 하지만 태니지먼트 코칭을 통해서 하고 싶은 것과 그에 맞는 직무를 찾는 방법을 알게 되었어요. 잃어버렸던 자신감을 되찾은 기분입니다."

물론 강점은 아직 보완할 점이 많고 더 많은 사례를 쌓아야 하는 어려운 연구 주제입니다. 하지만 저는 태니지먼트 진단 도구를 통해 더 많은 사람이 자신의 소중한 재능을 인식하고 떨어진 자존감을 회복하기를 기대합니다.

'누구나 쉽게 자신만의 탁월한 삶'을 살 수 있다고 믿습니다. 당신도 마찬가지입니다.

태니지먼트 대표이사 김봉준

재능으로 꽃피우는 삶과 조직이 되도록

저는 직원이 40명 정도 되는 작은 컨설팅 회사에서 커리어를 시작했습니다. 이후 '꽤' 큰 대기업의 중국 주재원으로 일하다 '아주' 큰 그룹사로 이직하게 되었습니다. 작은 조직부터 점점 더 큰 조직을 겪으며, 또 그 안에서 다양한 스타일의 리더들을 만나며 조직문화와 리더십에 관심을 갖게 되었습니다.

특히 중국 주재원 시절, 80여 명의 중국인으로 이루어진 인하우스 컨설팅 부서의 리더로서 채용·평가·승진·보상·배치 등을 관리하며 '나는 어떤 분위기의 팀을 만들고 싶은가, 그러려면 어떤 리더가 되어야 하는가'에 대해 깊이 고민하기도 했습니다.

귀국한 후 이런 생각들을 글로 정리하여 인터넷에 올렸습니다. 글이 모이다 보니 출간의 기회도 생겼지요.《수평적 조직문화 파헤치기》(PUBLY, 2017)를 발행하면서 수평적 조직문화의 요소로 '솔직·자율·존중'을 꼽았습니다. 이후 여러 곳에서 강의도 하고 비슷한 관심을 가진 분들과 교류하다 보니 반복해서 받는 질문이 있었습니다.

바로 '어떻게how 하면 좋은 조직문화를 만들 수 있을까?'입니다. 무엇이what 좋은 문화인지는 제 나름대로 제시를 했지만, 어떻게 이 문화를 만들 것인지에 대한 도구나 방법론이 제 손에 없었습니다.

이 질문을 거듭 마주하면서 개인적인 경험이 떠올랐습니다. 감사하게도 저는 직장 생활 동안 좋은 상사를 많이 만났습니다. 그중 한 분이 유독 기억났습니다.

중국 주재원 후반부 시절, 저는 앞서 말씀드린 인하우스 컨설팅 부서의 부서장과 중국 마케팅실 팀장을 겸직하고 있었습니다. 그러나 제가 실제로 집중했던 프로젝트는 과거 판매 데이터를 분석하여 각 브랜드 제품들의 발주와 매장별 분배 로직을 만드는 것이었습니다. 그리고 그 기간 동안, 2년 가까이 새벽에 화상회의로 빅데이터 분야의 석사 수업을 들었습니다. 남들보다 조금 더 늦게 출근하면서 말이지요. 이 모든 건 제가 상사와 업무와 관련해 대화를 나누며 제안하고 허락받은 것이었습니다.

솔직하고, 자율적이고, 존중받을 수 있는 조직에서는 사람들이 무엇을 할까요? 자신이 잘할 수 있는 일을 합니다.

반대로 솔직하고, 자율적이고, 존중받을 수 있는 조직문화를 만들기 위해선 어떻게 해야 할까요? 우선 사람들에게 각자 잘할 수 있는 일을 맡기면 됩니다.

당시 그룹 마케팅 총괄임원이었던 제 상사는 일반적인 마케팅실의 업무 범위가 아닌 주제에 도전하게 해주고, 학습을 위한 시간도 배려해주었습니다. 제 강점이 갤럽의 StrengthFinder의 기준으로 '분석가'이자 '학습자'임을 알고 있었기 때문입니다. 그래서 '마케팅'이라는 단어의 의미를 확장시키면서까지 제가 도전하려는 업무를 지지해주었고 사업부의 다른 임원들에게 제가 이 프로젝트의 적임자임을 설득해주었습니다.

저 또한 제 강점을 잘 알고, 분석에 있어서는 조직 내에 저보다 잘 아는 사람이 없을 만큼 공부를 열심히 했습니다. 당연히 자율적으로 일했고, 존중받았으며, 임원들에게도 솔직하게 제 의견을 밝힐 수 있었습니다. 남들보다 잘나서가 아니라, 강점에 집중하고 이를 개발했기 때문입니다. 저 말고도 회사 안에는 각자의 영역에서 자신의 강점을 개발하고, 자율적으로 존중받으며 일하는 동료들이 분명 있었습니다. 다만, 조직 전체의 분위기가 그렇다고 하기엔 그 숫자가 부족하다는 것이 문제였습니다.

여기까지 생각이 미치면서, 저는 강점을 연구하던 김봉준 대표와 힘을 합치기로 결정을 내렸습니다. 우리가 속했던 조직은 강점에 대해 최고경영자부터 인사팀까지 큰 관심이 있었음에도, 성과 중심의 위계적인 문화로 인해 일선 관리자들이 팀원들의 강점을 활용하는 데는 한계가 있었습니다. 반대로 좋은 조직문화를 만들고자 하는 조직도 자신의 그리고 서로의 강점이 무엇인지 제대로 모를 때에는 성과는 안 나면서 분위기만 즐거운, 마치 동아리 같은 조직이 되기 십상입니다.

개인이 자신의 강점을 발견하도록 돕자는 의지와 조직이 강점을 활용하고 개발하는 문화를 만들도록 돕자는 의지, 그렇게 각자의 관심을 연결하여 '내가 나일 수 있는 삶, 내가 나일 수 있는 조직'이라는 사명이 만들어졌습니다. 태니지먼트TANAGEMENT는 Talent와 Management의 합성어입니다. 자신의 재능Talent을 소중하게 관리하는 개인들을 위한 도구이자, 조직의 인재Talent 경영을 위한 도구라는 중의적 표현입니다.

그동안 5,000여 명의 회원들이 태니지먼트 강점 진단을 통해 자신의 탁월함을 발견했습니다. 다만, 태니지먼트는 여러 진단 도구의 장점을 결합한 도구인 만큼 결과로 나오는 리포트 항목도 많은 편입니다. 평소 이 분야에 지식이 없는 분이 저희 워크숍을 듣지 않고 리포트만으로 자신을 온전히 발견하기란 솔직히 쉽지 않습니다. 그래서 더 많은 분들이 태니지먼트로 나다운 삶을 만날 수 있도록, 수십 번의 워크숍 과정과 코칭 경험에서 뽑은 핵심 내용을 이 책에 담았습니다. 그리고 강점과 리더십, 조직문화가 어떻게 연결되는지 그동안 고민해온 내용도 담았습니다. 아무쪼록 이 책이 독자 여러분과 여러분의 조직에 도움이 되었으면 좋겠습니다.

태니지먼트 대표이사 장영학

이 책의 활용법

이 책은 1, 2부로 구성되어 있습니다. 1부는 '나'에 대해 충분히 이해하는 시간입니다. 강점이 왜 중요한지, 8가지 강점과 24가지 재능은 무엇인지를 알아볼 것입니다. 이를 통해 내가 무엇에 동기부여가 되는지, 어떻게 생각하고 행동하려는 욕구가 있는지 등 당신 자신을 해석할 수 있을 것입니다. 미리 태니지먼트 앱이나 웹사이트에서 자신의 강점과 재능을 알아보고 읽으면 더욱 좋습니다. 또한 강점을 돕는 12가지 태도도 살펴봅니다. 강점은 강한 영역을 개발하는 것이 중요하며, 태도는 약한 영역을 보완하는 것이 중요합니다.

2부는 팀에서의 강점 활용을 다룹니다. 팀 다이어그램을 통해 서로의 강점을 이해하고 각자 팀 성과에 어떻게 기여할지 논의할 수 있습니다. 이 과정에서 같은 업무라도 본인이 좀 더 잘할 수 있는 방식으로 접근하는 잡크래프팅이 일어나게 됩니다. 또한 채용에서도 지원자의 강점을 확인하여 어떤 유형의 업무가 적합할지, 기존 팀의 약점을 어떻게 보완해줄 수 있을지 그려볼 수 있습니다. 구체적인 재능과 태도를 자극하는 질문도 담았으니 효과적인 코칭 대화를 이어나갈 수 있을 것입니다.

더불어 이 책을 이런 분들께 추천합니다.

· 내가 어떤 사람인지, 어떤 일을 잘할 수 있을지 고민인 사람
· 지금 하고 있는 일에서 무언가 지쳐가고 있거나 소진된다고 느끼는 직장인
· 팀원을 동기부여하고 싶은데 어떻게 접근해야 할지 어려운 리더
· 구성원을 몰입시키고 행복한 직장을 만들고 싶은 인사 담당자나 대표

이 책을 읽으면서 우선 강점을 통해 자신의 소중한 재능이 무엇인지 발견하고, 다른 사람들과의 비교가 아닌 '나다운 탁월함'을 이해하는 데 집중해주길 바랍니다. 재능을 활용하는 자신의 모습을 자주 상상하고, 의도적으로 사용하려고 노력하는 것이 중요합니다.

직장인이라면 강점을 찾아 팀에서 나만이 할 수 있는 역할을 발견하고 이를 발휘하세요. 그리고 하고 있는 일을 강점의 시각에서 바라보고 일의 의미를 재정의하는 잡크래프팅을 해보세요(잡크래프팅에 대한 내용은 본편에 자세히 소개되어 있습니다).

리더라면 팀원들이 강점을 인식할 수 있도록 도와주고, 가장 잘할 수 있는 역할을 찾아주려고 노력하세요. 또한 강점을 자극하는 인정과 칭찬을 통해 긍정적인 행동을 계속 강화해주세요. 뚜렷한 강점이나 자신의 역할을 찾지 못한 팀원이라면 이 책을 한번 읽어보도록 추천해주는 것도 도움이 됩니다.

인사 담당자나 대표라면 조직원들이 자신의 강점을 발휘할 수 있는 목표를 설정할 수 있도록 기회를 제공해주세요. 그리고 구성원의 강점에 맞는 인정과 피드백을 통해 그들의 잠재력이 100% 발휘되는 몰입된 조직문화를 만들어주시기 바랍니다. 자본주의를 넘어 인재주의 시대에 맞는, 인재 활용이 아닌 인재 경영이 움직이는 새로운 조직을 만들어가세요.

다만 인사 담당자나 대표로서 강점을 활용할 때에는 '평가'가 아닌 '개발' 관점에서 바라봐주길 간곡히 당부드립니다. 강점은 채용의 합격/불합격 요소나 승진 심사 요소로 쓸 수 없습니다. 구성원의 강점을 파악하는 것은 각 사람이 가장 잘하는 건 무엇이고 어떻게 성장을 도울 수 있을지 알자는 것입니다. 강점이 평가의 잣대가 되는 순간, 성장과 몰입을 위한 길잡이가 아니라 또 하나의 스펙으로 전락하고 맙니다.

우리는 기대합니다.

'내가 나일 수 있는 삶, 내가 나일 수 있는 조직.'

이러한 회사가 세상에 가득할 수 있도록 강점 발견과 개발의 여정에 함께 참여해주길 진심으로 부탁드립니다.

1부

—

나를 해석하다

약점을 보완하면 실패의 가능성이 줄어들지만,

강점을 개발하면 성공의 가능성이 높아진다.

제1장

약점 보완보다 중요한
강점 개발

강점, 자연스러운 끌림

강점을 찾는 여정을 떠나기 전에, 한 가지 간단한 테스트를 해봅시다.

페이지를 한 장 넘기면 총 스물네 장의 그림이 있습니다. 이 중에 '나를 표현하기에 가장 적절한 그림'은 무엇인가요? 29쪽 상단에 있는 공란에 해당 그림의 번호와 그렇게 느낀 이유를 적어보세요.

이 책을 가족이나 친구, 동료와 같이 읽고 있다면 이야기를 나눠봐도 좋습니다. 단, 그림을 선택할 때는 30초를 넘기지 않도록 주의하세요.

'나를 표현하기에 가장 적절한 그림'은 무엇인가요?

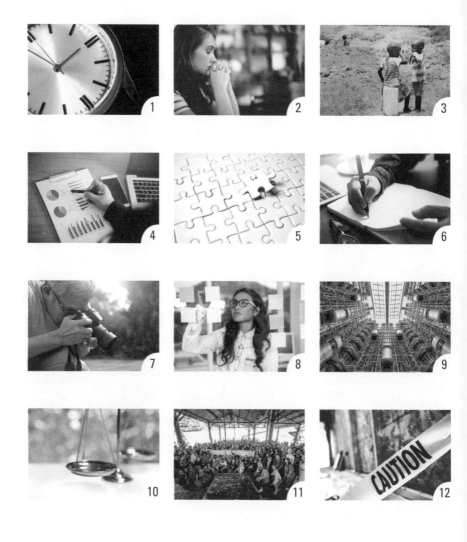

번호 _____

이유 _____

_____

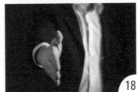

갑자기 그림을 고르라고 하니, 카드 점을 보는 것 같은 기분이 드나요? 이 테스트는 여러분의 미래를 점치기 위한 것이 아니라, 현재의 여러분을 파악하기 위한 것입니다.

이제부터 우리는 여러분에게 어떤 강점이 있는지, 어떤 삶을 살아야 삶에 만족하고 몰입할 수 있는지 찾아 나설 것입니다. 재미있는 사실은 여러분이 선택한 그림이 앞으로 발견할 여러분의 '강점·재능·태도'와 무관하지 않다는 것입니다. 이미 여러분이 그림을 고른 이유로 적은 표현들은 앞으로 재능에 대해 설명할 용어들과 비슷할지도 모릅니다. 어쨌든 이렇게 자기 자신에 대해 충분히 이해하고 나면, 미래에 대한 힌트도 보입니다.

그렇다면 강점이 중요한 이유부터 살펴보겠습니다.

왜 강점에 집중해야 하는가

성공의 가능성을 높인다

어느 주말, TV 채널을 돌리다 한 예능 프로그램을 우연히 보게 되었습니다. SBS에서 방송하는 〈집사부일체〉라는 프로그램이었습니다. 이 프로그램은 출연진들이 자기 분야에서 성공한 사부를 찾아가 미션을 수행하고 여러 가지를 배우는 콘셉트입니다.

출연진들은 그날의 사부가 누구인지 처음엔 모릅니다. 사부와 인연이 있는 힌트 요정과 전화통화를 하며 사부를 찾아가게 되는데,

제가 본 편의 힌트 요정은 중저음 목소리가 매력적인 배우 하정우였습니다. 하정우는 사부를 '동네 이모'이자 '마녀', 그리고 '신의 혀'와 '매의 눈'이라는 네 가지 별명으로 소개했습니다. 본인의 천만 영화도 마케팅한 '브랜딩 마술사'라는 말까지 덧붙였지요.

궁금해하는 출연진 앞에 나타난 사부는 바로 요리 경연 프로그램 〈마스터셰프 코리아〉의 심사위원으로 잘 알려진 노희영 대표였습니다.

그녀는 오리온 부사장과 CJ그룹 브랜드 전략 고문 등을 거치면서 '마켓오', '비비고', '계절밥상' 등 100여 개의 브랜드에 관여했으며, 콘서트 기획과 영화 마케팅까지 영역을 넓혀온 브랜드계 미다스의 손이라고 합니다. 그래서인지 그날 〈집사부일체〉의 주제는 나다움을 어떻게 만들 것인지, 대체 불가한 존재가 되려면 어떻게 해야 하는지를 고민하는 브랜딩에 대한 것이었습니다.

그런데 방송을 보고 난 후 제 뇌리에 박힌 것은 브랜딩에 대한 이야기나 출연진이 수행한 미션이 아닌, 노희영 대표의 집이었습니다. 더 정확하게 말하면 노 대표의 개인 소장품이었지요. 노 대표는 젊은 시절부터 출장을 다니며 브랜딩을 공부하기 위해 모아둔 물건이 많았습니다. 새로운 인테리어, 침대 시트 등을 관찰하기 위해 한 도시에 머물더라도 매일 다른 호텔을 예약한다는 노 대표는 그동안 머물렀던 모든 호텔의 열쇠와 카드키 수백여 개를 가지고 있었습니다. 인터넷이 없던 시절에 무엇을 먹었는지 기억하려 모아둔 전 세계 식당의 명함과 영수증도 두툼한 노트에 붙여놓았고, 스마트폰이나 디지털 카메라가 나오기 전 그날 먹은 요리를 그려서 기록해둔 수첩도 있었습니다. 이렇게 30년간 모은 수첩더미를 노 대표는 보물이자 전 재산이라 소개했지요. 문득, 이런 생각이 들었습니다.

'이분은 탁월하게 개발한 탐구 강점을 가지고 브랜드를 탐구하고 평가하는 분이구나.'

노 대표가 끊임없이 새로운 장소, 디자인, 인테리어, 음식 등을 찾아다니며 보고, 듣고, 만지고, 맛본 느낌을 수십 년간 기록해 축적한 데이터가 새로운 브랜드를 만들 때나, 브랜드를 평가하고 새로운 방향을 제시할 때 기반이 된 것입니다.

예를 들어, 다음과 같은 시나리오를 떠올려봅시다. 노희영 대표의 강점 중 하나는 '평가'입니다. 태니지먼트에서 이야기하는 평가 강점은 '논리적으로 상황을 판단하여 객관적으로 진단하는 강점'입니다. 그런데 평가 강점을 가진 사람이 자주 듣는 피드백이 '너무 비판적이다'이고, 심하면 '독설가 같다'는 것입니다.

만약 노 대표가 직장 생활 중 상사나 동료로부터 너무 비판적이고 독설가 같다는 피드백을 받아, 그 후로 상대방과 공감하는 것에 더 초점을 맞추었다면 어떻게 되었을까요?

우선 아무리 의식해도 공감의 말이 입에서 잘 나오지 않았을 것입니다. '동기부여'의 강점을 가진 타고난 공감가들은 자연스럽게 상대의 장점이 보이고 구체적인 칭찬이 나오는 반면, 이러한 강점이 없는 사람들은 타인을 칭찬하려고 마음먹고 관찰해야 칭찬거리를 한두 가지 정도 찾아낼 수 있습니다. 그나마 찾은 칭찬거리도 자연스럽게 전달할 줄 몰라 무뚝뚝하게 내뱉기 일쑤입니다. 물론 평소 모습에 비하면 장족의 발전일지 모르겠으나, 탁월한 동기부여 전문가가 되기는 어렵습니다. 아마도 노희영 대표 역시 그랬을 것입니다.

본인이 가진 '탐구·창조·평가'의 강점을 극대화하지 않고 약점 보완에 에너지를 쏟았다면 지금의 노희영 대표는 없었을 것입니다. 〈마스터셰프 코리아〉에서 셰프들의 요리를 평가하고, 지상파 예능 프로에서 인기 연예인들에게 브랜드를 가르치는 순간도 절대로 오지 않았을 것입니다. 강점에 집중한 진짜 노희영 대표는 평소 TV를 거의 보지 않는 저 같은 사람도 한 번쯤 이름을 들어봤을 사람이지만, 약점에 집중한 가상의 노희영 씨는 아마 어느 회사 차부장 자리에서 승진을 안 해도 좋으니 가늘고 길게 가는 것이 목표라며 하루하루를 보내고 있을지도 모릅니다.

이러한 사례는 노희영 대표뿐만이 아닙니다. 성공한 사람들 대부분은 자신의 강점을 극대화하고 거기에 집중했습니다. 축구선수 메시가 92%의 결정적인 퍼포먼스를 강한 왼발에서 만들어낸다고 이야기하는 것처럼, 결정적 순간은 강점에서 만들어집니다. 성공한 사람들은 이 사실을 매우 잘 활용한 사람들입니다.

피터 드러커Peter Drucker는 "자신이 할 수 있는 것이 아니라 자신이 할 수 없는 것에만 신경을 쓰는 사람, 그리고 강점을 활용하기보다 약점을 줄이려는 사람은 그 자신이 약한 인간의 표본이다."라고 말했습니다. 약점을 보완하려 노력해봤자 평범한 성과를 내기도 어렵습니다. 탁월한 성과는 오직 강점을 통해서만 낼 수 있습니다.

몰입flow의 전문가로 잘 알려진 미하이 칙센트미하이Mihaly Csikszentmihalyi 교수는 저서 《몰입의 경영》에서 "인생에서 몰입을 많이 경험하기 위해서는 우선 자신이 누구인지 정체성을 창조해야 한다."고 하며, "정체성은 자신의 강점에 기반해야 한다."고 이야기합니다. 여러 가지 경험을 해보면서 그중에 몰입이 일어나는 것이 자신의 강점일 수 있다는 것입니다.

몰입에서 가장 중요한 것은 주어진 도전과 자기 스킬의 관계입니다. 너무 어렵지도, 쉽지도 않은 적당한 난이도의 도전이 주어져야 몰입 경험이 가능합니다. 칙센트미하이는 이 관계를 아래와 같이 나타냅니다.

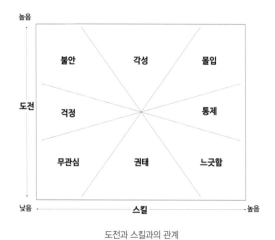

도전과 스킬과의 관계

강점을 사용하면서 스킬과 도전의 크기가 비슷할 때 몰입을 위한 최적의 조건이 갖춰집니다. 반면에 처음부터 본인의 강점과 맞지 않는 일을 할 때는 몰입이 아닌 다른 감정들이 지배합니다. 이 일을 어떻게 해야 할지 불안해하거나 걱정하고, 또는 타성에 젖어 그저 해오던 일을 반복하는 상황에 놓입니다. 이런 경우에는 스킬의 성장보다는 그 상황 자체를 회피하는 게 목적이 되고, 몰입이나 만족감을 느끼기 어렵습니다.

갤럽의 조사에 따르면 강점을 잘 활용하는 사람은 삶의 질이 높다고 평가할 가능성이 3배, 몰입할 가능성이 6배나 높아진다고 합니다. 강점은 몰입과 연결되어 있습니다. 지금 여러분은 삶에서 얼마나 몰입을 경험하고 있습니까? 지금 하고 있는 일에 만족하십니까? 이 질문에 대한 답은 여러분이 강점을 얼마나 활용하고 있는지에 달려 있습니다.

자꾸 약점을 보게 되는 이유

강점에 집중하지 못하게 하는 사회

강점에 집중하지 못하게 하는 중요한 원인은 어릴 적부터 몸에 배어 있는 시험 위주의 교육 방식입니다. 예를 들어, 여러분이 수학을 잘해서 늘 시험에서 100점을 맞는다고 합시다. 그런데 수학을 지금보다 더 잘한다고 해도 시험에서 100점 이상의 점수를 받는 것은 불가능합니다. 즉, 평균 점수를 올리기 위해서는 수학을 더 탁월하게 잘하는 것보다 못하는 한국사나 영어를 공부해서 점수를 높이는 게 더 유리한 것이죠.

어쩌면 우리 교육에는 '학생 때는 다양한 분야의 기본 지식을 익히고, 대학생이나 직장인이 된 후에 자기 강점을 개발하면 된다'는 생각이 깔려 있는지도 모르겠습니다. 하지만 평균을 높여야 한다는 인식은 성인이 되어서도 강박관념처럼 남아 강점이 아니라 약점을 보완하는 데 노력을 쏟게 만듭니다. 직장 생활을 오래할수록 두루두루 잘하는 제너럴리스트generalist가 되어야 한다고 말입니다.

같은 맥락에서, 조직에서도 성과를 내는 것보다 실패하지 않는 것이 더 중요하게 인식되어 왔습니다. 지금이야 많은 조직이 성과주의로 돌아가지만, 이전에는 연공서열로 움직이는 조직이 많았습니다. 이런 조직에서는 탁월한 성과를 낸다고 해서 더 빨리 승진하거나 많은 보상을 받기는 어려운 반면, 실수나 실패할 경우 승진에서 탈락하기 십상이었습니다. 그러니 성공의 가능성을 높이기보다 실패의 가능성을 줄이는 것이 중요했지요.

주변의 피드백 또한 그렇습니다. 우리나라 사람들은 칭찬에 인색합니다. 강점으로 성과를 내도 "잘했어.", "고생했어." 같은 짤막하고 영혼 없는 멘트를 듣는 경우가 대부분이고, 대체 무엇을 어떻게 잘했는지 구체적인 칭찬을 받는 경우는 드뭅니다.

모난 돌이 정 맞는다는 우리나라 속담처럼, 탁월한 성과를 내고도 오히려 주변의 시기를 받지나 않으면 다행입니다. 무언가 잘못하면 바로 핀잔이 날아듭니다. 그러다 보니 혼나지 않기 위해 약점을 보

강점 발견

완하는 데 집중하게 되는 것입니다.

잘못된 롤모델 선정

제 어릴 적 꿈은 장영실 같은 발명가가 되는 것이었습니다. 과학을 좋아하기도 했고, 저랑 이름이 두 글자나 겹쳐서 왠지 끌리기도 했거든요. 하지만 지금 저는 과학자가 아니라 다른 길을 택했습니다. 저는 장영실처럼 세상에 없던 아이디어를 구현해내는 '창조' 강점이 약하기 때문입니다. 그래서 롤모델을 정할 때는 자기가 가진 강점과 유사한 강점으로 성공한 사람을 찾는 것이 중요합니다.

'박세리 키즈', '김연아 키즈' 같은 말을 들어보셨을 것입니다. 어떤 분야에서 탁월한 스타가 나오면 많은 어린이가 그 사람을 롤모델로 삼고 배우기 시작해, 몇 년 후에 그 분야에 실력 있는 선수들이 늘어난다는 말입니다. 하지만 수십, 수백 명의 'OO 키즈' 중에 실제 프로에 도달하는 사람은 한 줌밖에 되지 않습니다. 노력의 문제도 있겠지만 타고난 재능과 어울리는지 생각하지 않고 도전한 이유가 큽니다. 누가 성공해서 유명해졌다거나, 앞으로는 어떤 분야가 뜰 거라는 말을 듣고 섣불리 롤모델을 정해 진로를 결정하는 것은 그래서 위험한 선택입니다.

스포츠 선수뿐 아니라 다른 직업에서도 마찬가지입니다. 강점에 대한 이야기를 하다 보면 자신이 가진 강점에 만족하고 이를 개발하기 위해 애쓰는 사람보다 옆 사람의 강점을 부러워하는 사람들이 더 많습니다. 결과적으로 그 사람은 자신이 가지고 있는 강점보다 갖고 싶은 강점을 끄집어내어 개발하려고 노력합니다.

하지만 내가 가지고 있지 않은 강점은 아무리 개발해도 롤모델만큼 탁월한 성과를 낼 수 없습니다. 그 사람은 타고난 강점에 노력을 더한 것이지만, 나는 없는 강점에 노력을 쏟아붓고 있는 것이기 때문입니다.

강점 파악의 어려움

강점을 개발하기 어려운 가장 큰 이유는 자기 강점이 무엇인지 제대로 파악하기 어렵다는 점 때문입니다.

피터 드러커는 《21세기 지식경영》에서 "누구나 자신의 강점을 잘 안다고 생각한다. 그러나 대개의 경우 그렇지 않다. 사람들이 알고 있는 것은 기껏해야 약점이다."라고 이야기합니다. 피터 드러커의 말처럼, 내가 잘하는 게 도대체 무엇인지 몰라 한 번쯤 깊은 고민에 빠진 적 있으실 겁니다. 약점은 몇 가지 상황을 통해서도 바로 느낄 수 있는 반면, 강점은 자신에 대해 깊게 고민하고 주변에서 알려주지 않으면 발견하기 어렵습니다.

게다가 우리는 강점이라는 단어를 여러 맥락에서 사용합니다. 예를 들어 강점은 '긍정적이다'처럼 태도상의 장점을 뜻하기도 하고, 달리기가 빠르거나 노래를 잘 부르는 것처럼 신체상의 장점을 의미할 때도 있습니다. 이런 다양한 의미 때문에 우리는 더욱 강점을 파악하기 어렵습니다.

남들에겐 없는 특정 분야의 경험이나 지식도 강점이라 표현할 때가 있습니다. 하지만 자기가 탁월한 강점을 발휘할 수 있는 역할을 아직 맡아보지 못했다면 어떨까요? 진정한 자기 강점과 맡은 역할 때문에 어쩔 수 없이 하다가 얻게 된 강점을 어떻게 구분할 수 있을까요?

다음 장에서 강점의 진짜 정의를 살펴보겠습니다.

제2장

강점, 재능 그리고
태도의 정의

강점이란 무엇인가

강점의 특징

자기 강점을 이해하려면 우선 '강점'이 무엇인지부터 명확히 할 필요가 있습니다. 학문적으로는 강점을 어떻게 정의하고 있는지 몇 가지 예를 찾아보겠습니다.

먼저 긍정심리학에서는 강점을 '당사자에게 진정성$_{authentic}$과 활기를 주는$_{energizing}$ 특정 유형의 행동·사고·느낌을 가능케 하는 이미 존재하는 역량$_{pre-existing\ capacity}$으로, 최적의 기능$_{function}$, 발달$_{development}$, 성과$_{performance}$를 가능케 하는 것'으로 정의합니다.

연구 기반의 글로벌 경영 컨설팅 회사 갤럽의 마커스 버킹엄$_{Marcus}$

Buckingham과 커트 코프만Curt Coffman은 《유능한 관리자》에서 재능을 '생산적으로 적용되는 사고·감정·행위의 반복적인 패턴'으로 정의합니다. 여기서 '반복적인recurring'이 중요합니다. 사람들은 일종의 정신적 필터가 있어서 어떤 자극에는 쉽게 반복적으로 반응하고, 어떤 자극은 흘려보낸다는 것입니다. 갤럽의 또 다른 책 《위대한 나의 발견 강점 혁명》에서는 강점을 '한 가지 일을 완벽에 가까울 만큼 일관되게 처리하는 능력'으로 정의합니다. 이 정의에서도 마찬가지로 '일관되게'라는 표현이 등장합니다.

여기서 강점의 몇 가지 특징을 유추해볼 수 있습니다.

첫째, 강점은 반복되어 나타나는 역량입니다. 인간의 뇌는 뉴런들이 전기신호를 주고받는 일종의 신경섬유 덩어리입니다. 각 신경섬유 회로는 '미엘린myelin'이라는 일종의 절연 물질이 감싸고 있어서 뉴런을 통해 전달되는 전기신호가 흩어지지 않게 보호합니다. 이 미엘린 층이 얼마나 두꺼운지에 따라 그 신경섬유 회로가 담당하는 행동·느낌·스킬이 더 쉽게 나타납니다. 갓 태어난 아기는 뇌가 거의 절연되어 있지 않기 때문에 자기가 원하는 대로 손가락이나 발가락을 움직이기 어렵습니다. 미엘린이 신경섬유를 감싸는 수초화myelination 과정을 거쳐야 보고, 듣고, 일어나 걷고, 말하고, 인식하는 능력을 갖추게 되는 것입니다. 반대로 중년이 지나 미엘린 층이 손상되기 시작하면 점점 주의가 산만해지고 집중이 어려워집니다. 미엘린 연구자인 UCLA 신경과학자 조지 바조키스George Bartzokis 박사는 "모든 기량·언어·음악·동작은 살아 있는 회로로 이루어져 있으며, 모든 회로는 특정한 규칙에 따라 증식된다."라고 이야기합니다.

마커스 버킹엄과 커트 코프만은 《유능한 관리자》에서 재능을 설명하며 '정신에 자리 잡은 4차원 하이웨이'라는 표현을 씁니다. 예를들어, 탁월한 회계사들을 연구하다 보면 정확성에 대한 선천적인 애정이 있음을 알 수 있다는 것입니다. 재능의 밑바탕에는 두꺼운 미엘린 층으로 절연된 특정한 신경섬유 회로가 있음을 유추할 수 있습니다. 회로는 사용할수록 소진되는 것이 아니라 오히려 더욱 두꺼워집니다. 그래서 강점은 반복되는 사고·감정·행위의 패턴으로 나타나는 것입니다.

둘째, 강점은 효율적이고 탁월한 성과를 낼 수 있는 기반이 됩니다. 긍정심리학에서 정의한 강점을 보면 강점이 '최적의 기능·발달·성과'를 가능케 해준다고 합니다. 미엘린으로 신경섬유 회로가 절연된다는 것은 어떤 의미일까요? 해당 회로를 좀 더 효율적으로 동작시킬 수 있다는 뜻입니다. 뉴런은 서로 끊임없이 전기신호를 주고받습니다. 회로가 제대로 절연되어 있지 않다면 주변에 다른 뉴런들로 전기신호가 흩어져버리고, 정작 회로 자체는 제대로 동작하지 않을 것입니다. 그래서 강점에 맞는 일을 할 때 '자연스럽게', '효과적으로', '탁월한' 성과를 낼 수 있는 것입니다. 반대로 자기 강점이 아닌 행동을 할 때는 힘들고 의식적으로 노력해야 합니다. 이런 상태가 지속되면 번 아웃에 빠지게 됩니다.

노력으로 강점을 만들 수 있을까

강점의 또 한 가지 특징은 '이미 있는 것pre-existing'입니다. 사실 이 부분은 논란의 여지가 있습니다. 미엘린은 약 50세까지도 늘어나며,

특정 신경회로가 사용될 때마다 미엘린 층이 점점 두꺼워지기 때문입니다. 《탤런트코드》의 저자 대니얼 코일Daniel Coyle은 이 점을 들어 "어떤 재능이든 점화 과정을 통해 동기부여된 상태로, 스위트 스폿에서 심층 연습deep practice을 하면 기를 수 있다."라고 말합니다. 반면 마커스 버킹엄과 커트 코프만은 수많은 조직의 관리자들을 연구한 결과 "재능을 가르칠 수는 없다."라고 단언했죠. 어느 쪽이 맞을까요?

《탤런트코드》에서 언급한 심층 연습 사례들을 살펴보면 파일럿을 위한 비행 트레이너, 풋살을 연습하는 브라질의 축구선수 지망생, 수많은 습작을 쓴 문학 작가, 바이올린 연습생 등의 이야기들이 나옵니다. 이 사례들에는 몇 가지 공통점이 있습니다. 우선 적절한 난이도의 도전을 반복 연습할 수 있는 특정한 환경이 있었습니다. 그리고 당장의 성과보다 노력 그 자체를 칭찬하는 마스터 코치들이 있죠. 마지막으로 대부분의 사례는 아직 프로가 되기 전에 (혹은 직장인이 되기 전에) 연습한 사례들입니다.

결국 어떤 상황에 있는지, 어떤 강점을 원하는지에 따라 노력으로 해결될 수도 있고 아닐 수도 있습니다. 예를 들어, 여러분이 수많은 사람들 앞에서(사교), 자기 생각을 발표(표현)하는 것을 부담스러워한다고 해봅시다. 사교와 표현 재능을 연습으로 얻는 것이 가능할까요? 그러려면 사교와 표현을 반복적으로 심층 연습할 수 있는 환경에서 성과보다 노력을 칭찬해줄 수 있는 주변인들이 있어야 합니다.

자기를 지지해주는 부모나 선생님 앞에서 당장의 성과를 신경 쓰지 않은 채 반복 연습을 할 수 있는 학생이나 연습생 신분이라면, 타고나지 않은 재능도 노력을 통해 기를 수 있을지 모릅니다. 그러나 이는 대부분의 직장인에게 불가능한 조건입니다. 조직이 불합리하다는 뜻이 아니라, 오히려 그 반대입니다. 훨씬 자연스럽게 적은 에너지로 탁월한 성과를 낼 수 있는 강점을 두고 일부러 강점이 아닌 영역을 1만 시간 동안 연습시키는 것은 조직과 개인의 에너지 낭비이기 때문입니다.

《탤런트코드》의 주장과 완전히 반대되는 연구 결과도 있습니다. 프린스턴대 심리학자 브룩 맥나마라Brooke McNamara는 '음악, 게임, 스포츠, 전문 분야, 교육에서 노력과 성과의 관계'에 대한 88개의 연구 결과를 놓고 메타 연구를 진행했습니다. 그 결과 노력이 성과에 영향을 미친 것은 맞지만, 영향의 정도는 통념과 큰 차이가 있음을 발견했습니다. 다양한 분야에서 노력이 성과에 미친 영향은 평균 12%에 불과했습니다. 그나마 게임(26%)과 음악(21%)에서는 20%대의 영향을 미쳤지만, 전문 분야(4%)나 교육(1%)에서는 5%도 채 되지 않았습니다. 심지어 도구를 사용해서 노력에 들인 시간을 더 정확하게 측정할수록 노력과 성과의 상관관계는 더 줄어드는 경향을 보였습니다. 성격과 뇌의 관계를 연구하는 성격신경과학Personality Neuroscience에서는 사람들 간의 성격 특질 차이 중 유전적 요인이 차지하는 비중을 40~80%로 보고 있습니다.

재능에서 선천적으로 타고나는 비중이 몇 퍼센트이고 노력의 비중이 몇 퍼센트인지 정확하게 구분하는 것은 어렵습니다. 하지만 확실한 것은, 같은 노력을 들인다면 이미 있는 재능을 개발하는 것이 없는 재능을 개발하는 것보다 훨씬 효과적이라는 점입니다. 자기의 약점도 그럴진대 타인의 약점을 개발해서 쓴다는 것은 거의 불가능한 일입니다. 그러니 조직의 리더들을 연구한 갤럽이 재능은 가르칠 수 없다고 이야기한 것도 일리가 있는 것입니다.

재능과 노력의 관계에 대해 마지막으로 생각해볼 점은 '재능이 뒷받침되지 않은 노력이 어떤 기분일까?' 하는 질문입니다. 〈쇼생크 탈출〉, 〈미저리〉의 원작자 스티븐 킹Stephen King은 자기 아들이 색소폰을 연습하는 것을 보며 다음과 같이 고백했습니다.

내 아들 오웬은 일곱 살 때쯤에 브루스 스프링스틴Bruce Springsteen의 E 스트리트 밴드E Street Band에 푹 빠졌는데, 그중에서도 건장한 색소폰 연주자 클래런스 클레먼스Clarence Clemons를 특히 좋아했다. (…중략…) 우리는 크리스마스 선물로 오웬에게 테너 색소폰을 사주고, 부근에 사는 음악인 고든 보위에게 레슨을 받게 해주었다. (…중략…) 7개월 후 나는 아내에게, 오웬이 동의하기만 한다면 이제 색소폰 레슨을 중단하는 것이 좋겠다고 말했다. 오웬도 기꺼이 동의했는데, 누가 보아도 안도의 기색이 역력했다. (…중략…)

내가 오웬의 속마음을 눈치챌 수 있었던 것은 그가 연습을 중단해서가 아니라 정확히 보위 씨가 정해준 시간 동안만 연습을 하기 때문이었다. 일주일에 나흘은 방과 후 30분씩, 그리고 주말에는 한 시간씩이었다. 오웬은 음계와 음표들을 모두 능숙하게 연주할 수 있었지만 – 기억력이나 폐활량이나 눈과 손의 협력 관계에는 아무런 문제도 없었으니까 – 그 단계를 뛰어넘어 뭔가 새로운 것을 찾아내고 스스로 놀라면서 황홀경에 빠져 연주하는 모습은 끝내 한 번도 볼 수 없었다. 그러다가 연습 시간만 끝나면 곧바로 색소폰을 케이스에 집어넣었고, 다음 레슨이나 연습 시간이 될 때까지는 두 번 다시 꺼내지 않았다. (…중략…) 즐거움이 없다면 아무리 해도 소용이 없다. 그렇다면 차라리 자기가 더 많은 재능을 지니고 있고 재미도 있는 다른 분야로 눈을 돌리는 편이 낫다.

제 또래는 어린 시절 대부분 피아노를 배웠습니다. 음악에 재능이 있어서라기보다 나중에 혹시 초등학교 음악 수업에 도움이 될까, 또는 그저 다른 아이들도 다 배운다고 하니 많은 부모들이 자녀를 피아노 학원에 보냈던 것입니다. 연습하라고 아예 피아노를 사준 집도 많아서, 저녁만 되면 온 아파트에서 '학교 종이 땡땡땡'부터 바이엘, 체르니를 연습하는 소리가 울려 퍼졌습니다. 저도 어릴 적 '체르니 40번'까지 배웠던 기억이 나는데, 지금은 피아노뿐만 아니라 어떤 악기도 다루지 못합니다.

재능이 없는 연습은 고역입니다. 재능이 있어도 노력은 고달픈데 재능 없는 영역을 훈련하는 것은 얼마나 더 힘들겠습니까? 이런 분야를 연습으로 극복하려고 인생을 낭비하지 마세요. 가능 여부를 떠나서, 불쾌한 경험이 될 뿐입니다. 그리고 이미 가진 재능을 탁월한 강점으로 키우기에도 우리에겐 시간이 모자랍니다.

태니지먼트에서 정의하는 재능과 강점

태니지먼트에서는 여러 특징들을 종합해, 재능을 다음과 같이 정의합니다.

재능이란, 나를 동기부여하고 움직이는 욕구에 기반한 특징이자 잠재력이다.

강점 발견

두껍게 절연된 신경섬유 회로에 해당하는 것이 바로 재능입니다. 상황이 주어졌을 때 특별한 의식이나 노력 없이 자연스럽게 나타나는 나의 행동·사고 패턴이지요.

신경섬유 회로는 인간의 모든 행동·사고·느낌·인식 등과 연결됩니다. 골프 스윙 능력과도 관련이 있고, 절대음감과도 연관이 있을 수 있습니다.

마찬가지로 재능에도 수많은 종류가 있습니다. 긍정심리학에서는 VIA−IS_{Values In Action Inventory of Strengths}로 24가지의 성격강점을 정의합니다. 또한 갤럽은 Clifton Strengths Finder에서 34가지 강점 테마를 제시합니다. 그 외에도 성격·성향·강점을 측정하는 여러 진단 도구들이 있습니다.

태니지먼트는 여러 재능 중에서도, 팀과 비즈니스 성과의 기반이 되는 개발 가능한 24가지 재능을 다음과 같이 정의했습니다(각 재능에 대해서는 4장에서 살펴볼 예정입니다).

계획 · 고찰 · 공감 · 논리 · 달성 · 단순화 · 몰입 · 문제 발견

미래 예측 · 비교 · 사고 · 신중 · 양성 · 완벽 · 유연 · 전략

정보 수집 · 주도 · 중재 · 창의 · 친밀 · 표현 · 회고 · 행동

그리고 태니지먼트에서 정의하는 강점은 다음과 같습니다.

강점이란, 재능의 조합에 노력을 더해 개발한, 성과를 내는 역량이다.

재능이 하나의 신경섬유 회로라면, 강점은 여러 가지 회로가 복합적으로 작용하여 나타나는 상위 레벨의 패턴이라고 볼 수 있습니다. 또 재능은 잠재력이고, 강점은 재능이 개발된 역량입니다. 사고와 행동 패턴을 기반으로 적합한 지식과 경험이 쌓여야 실제 성과를 낼 수 있는 강점이 됩니다.

태니지먼트는 24가지 재능을 조합하여 팀이 지속적인 성과를 내기 위해 필요한 8가지 강점을 정리했습니다(각 강점에 대해서는 3장에서 살펴볼 예정입니다).

동기부여 · 외교 · 추진 · 완성 · 조정 · 평가 · 탐구 · 창조

강점과 혼동하는 개념들

역량, 경쟁력, 태도 등 실생활에서 강점과 혼동하여 사용되는 단어들이 몇 가지 있습니다. 태니지먼트에서는 각 단어의 차이를 다음과 같이 설명합니다.

성격personality

성격은 일반적인 문맥에서는 강점과 헷갈릴 일이 없습니다. 그런데 '성격유형 검사', '강점유형 검사'와 같은 표현을 보면 둘이 무슨 차이인지 혼란이 생깁니다. "겸손은 '성격'인가 '강점'인가 '태도'인

강점 발견

가?" 이 질문처럼, 어디까지를 성격으로 칠 수 있을지 생각하다 보면 머리가 더 복잡해지죠.

성격은 일상적으로 많이 사용하는 단어이지만, 성격을 정의하는 것은 생각보다 어렵습니다. 미국 노스웨스턴 대학교의 성격 심리학자 댄 맥아담스Dan P. McAdams는 성격을 아래와 같이 정의합니다.

성격은 인간 본성의 진화적 설계 과정에서 생기는 개인의 고유한 편차variation로서, 성향적 특질dispositional traits, 기질적 적응characteristic adaptation, 그리고 문화culture 속에 복합적이고 구별되게 놓인 통합적인 인생 서사integrative life narratives로 표현된다.

정의가 매우 어려워 보이지만 결국 성격은 타고나는 요소, 소속된 문화·주변 환경·역할 등에 적응하는 요소, 자기 정체성·인생의 목표·스스로 부여하는 의미에 따라 달라지는 요소 등이 모두 포함되어 있다는 뜻입니다. 성격에는 반복적으로 나타나는 요소도 있고 일시적으로 나타나는 요소도 있으며, 시간이 지나도 잘 바뀌지 않는 요소가 있고 시간에 따라 바뀌는 요소도 있습니다.

강점은 성격 중 타고나는 요소의 일부로, 반복적으로 나타나고 시간이 흘러도 잘 바뀌지 않으며 팀이나 비즈니스 성과의 기반이 됩니다. 성격이 강점보다 훨씬 포괄적인 개념이라 볼 수 있습니다.

역량 competence

역량을 한마디로 정의하면 '어떤 일을 해낼 수 있는 힘'입니다.[1] 여러 국가에서 역량이 어떤 의미로 사용되는지 연구한 르 다이스트 Le Deist와 학자들은 역량에 크게 인지 역량 cognitive competence, 기능적 역량 functional competence, 사회적 역량 social competence, 그리고 메타 역량 meta-competence이 있다고 이야기합니다.

여기서 인지 역량은 언어, 수리 등 지적 능력과 특정 영역에 대한 지식·이해도 모두를 포괄하는 뜻입니다. 기능적 역량은 특정 직업 occupational area을 수행하는 데 필요한 스킬과 노하우를 지칭합니다. 사회적 역량은 타인과 관계를 맺고 협업하고, 조직에서 기대하는 바대로 행동할 수 있는 역량입니다. 메타 역량은 앞서 언급한 세 역량을 배울 수 있는 능력으로, 나머지 역량들과는 좀 성격이 다릅니다.

이 중 사회적 역량에는 태도와 행동 역량이 포함되는데, 강점은 굳이 따지자면 행동 역량과 유사하다고 볼 수 있습니다. 둘 모두 특정 직업이 요구하는 행동 패턴을 반복적으로 보일 수 있는지에 관한 것이기 때문입니다. 결국 역량 또한 강점보다 훨씬 포괄적인 의미를 담고 있다고 할 수 있지요.

역량과 강점의 또 한 가지 차이점으로는 역량이라는 단어는 조직과 개인 모두에게 쓰이는 데 반해 강점은 보통 개인에게 쓰인다는 점도 있습니다.

경쟁력 competitiveness

경쟁력의 사전적 정의는 '경쟁할 만한 힘 또는 그런 능력'입니다. [2] 경쟁력과 역량은 측정하는 지표가 다르다기보다 측정의 기준이 다르다고 할 수 있습니다. 즉, '역량이 있다, 역량이 없다'의 기준은 특정 업무를 수행할 능력이 있다, 없다의 절대적 기준이지만 '경쟁력이 있다, 경쟁력이 없다'의 기준은 특정 업무를 남보다 더 잘할 수 있다, 없다의 상대적 기준입니다. 역량과 마찬가지로 경쟁력도 조직과 개인 모두에 쓸 수 있는 단어입니다.

강점과 경쟁력의 차이도 비슷합니다. 태니지먼트가 진단하는 강점은 개인의 상대적 강점입니다. 예를 들어, 태니지먼트는 A라는 사람의 '외교' 강점이 '추진' 강점보다 크다는 것을 알려줍니다. 하지만 이 강점이 A의 경쟁력이 되려면 외교 강점의 절대적인 크기가 다른 사람들보다 커질 때까지 지식과 훈련, 경험을 쌓아야 합니다. 즉, 강점은 노력을 투자했을 때 나의 경쟁력이 될 가능성이 크지만, 실제로 개발하기 전까지는 아직 내 경쟁력이 아닌 영역이라고 생각할 수 있습니다.

적성 aptitude

일상 대화에서는 '일이 적성에 맞지 않는다'는 말이 '그 일에 별로 흥미가 없다'는 뜻으로 사용하기도 합니다. 하지만 적성은 특정 업무에 흥미가 있는지를 뜻하는 것이 아니라 특정 활동이나 작업에 대한 미래의 성공 가능성을 예언하는 데 더 가깝습니다. [3]

역량은 지적 능력 같은 보편적인 역량과 특정 업무에 관한 역량 모두를 포괄하는 개념이지만, 적성은 무슨 일에 대한 적성인지를 떼어 놓고는 생각할 수 없습니다. 그래서 개인에게는 성과의 기반이 되는 강점이 중요하지만, 기업에게는 '이 사람의 강점이 무엇인가' 그 자체보다 '이 사람이 이 일에 필요한 적성을 갖추고 있는가'가 더 중요합니다(강점을 기반으로 어떻게 적성을 판단할 수 있는지는 8장에서 좀 더 살펴볼 예정입니다).

태도attitude

태도도 성격과 마찬가지로 단어 자체는 강점과 혼동될 여지가 별로 없습니다. 그런데 어떤 특징이 강점인지, 태도인지 구분할 때 혼란이 생깁니다. 예를 들어 '긍정'은 강점일까요, 태도일까요?

긍정도 반복적으로 나타나는 사고·감정·행위의 패턴이긴 하지만, 태니지먼트에서는 비즈니스 성과의 기반이 되고 개발 가능한 요소들만 재능과 강점으로 정의합니다. 긍정은 팀의 분위기에 도움이 되지만, 오직 긍정만으로 비즈니스 성과를 낼 수는 없지요. 다른 강점에 '긍정'이 더해져 시너지를 내는 쪽에 가깝습니다.

> 태도란, 그 자체로 성과의 기반이 될 수는 없으나 비즈니스에서 반드시 요구되는 부분으로, 강점에 직간접적인 영향을 미치는 기본 소양이다.

태도는 어떤 태도가 강한지보다 어떤 태도가 부족한지가 더 민감하게 받아들여집니다. 그래서 태도는 강점과 달리 강한 영역을 개발하기보다 약한 영역을 보완하는 것이 더 중요합니다. 태도에 과락이 있을 경우, 다른 사람에게 안 좋은 영향을 미치거나 자기 강점을 무력화할 수 있기 때문입니다.

태니지먼트에서는 조직이나 팀, 다른 사람에게 영향을 미치는 12가지 태도를 정의하고 있습니다(각 태도에 대해서는 5장에서 살펴볼 예정입니다).

강점과 재능은 어떻게 발견하는가

칭찬을 통한 발견

강점을 발견하는 가장 자연스러운 통로는 바로 '칭찬'입니다. 나에게 재능이 있다면 좀 더 적은 노력을 들이고도 남보다 나은 성과를 낼 것이고, 주변 사람들의 주목을 받게 됩니다. 남들에게 "와, 어떻게 이렇게 했어? 놀라운데?" 같은 반응을 얻은 일이 있다면 그게 당신의 재능일 수 있습니다.

칭찬을 통해 재능을 발견하기 쉽도록 〈칭찬 사전〉을 준비했습니다. 〈칭찬 사전〉은 우리가 평소 많이 하고 듣는 칭찬들을 선별한 것입니다. 다음 페이지에 있는 다양한 칭찬 문구들을 읽으면서 한 번이라도 들어본 칭찬이 있다면 동그라미 쳐보시기 바랍니다.

칭찬 사전

들어본 칭찬이 있다면 체크해보세요.

가르치는 데 탁월하다	도전적이다	끈기 있다	얼리어답터다	신중하다
비교를 잘한다	상대방의 눈높이로 대해준다	다른 사람에게 헌신적이다	모임을 잘 주도한다	기획력이 탁월하다
양심적이다	방향을 제시해준다	꾸준하다	감수성이 풍부하다	문제를 깊이 파고든다
일을 완수한다	자신을 잘 관리한다	토론을 잘한다	행동이 빠르다	집요하다
평화주의자다	정결하다	아이디어가 많다	객관적이다	다른 사람을 위해 돈을 아끼지 않는다
모든 사람에게 공정하다	가야 할 방향을 잘 찾는다	다른 사람과 잘 어울린다	상황에 잘 대응한다	인내심이 깊다
체계를 잘 세운다	복잡한 것을 잘 정리한다	성실하다	사람들과 관계가 깊다	무례하지 않고 예의 바르다
글을 잘 쓴다	대범하다	매사에 진지하다	낭만적이다	다른 사람과 소통하기 위해 노력한다
주도적이다	협상을 잘한다	검소하다	독창적이다	충성스럽다
희망적인 면을 잘 찾는다	일 처리가 깔끔하다	미리미리 대비한다	사회성이 강하다	다른 사람을 긍정적으로 바라본다
자료를 잘 정리한다	공감을 잘한다	뒤끝이 없다	모험심이 많다	갈등을 줄여준다
피드백을 잘한다	기발하다	신뢰감을 준다	다른 사람을 잘 돌봐준다	애교가 많다
주인의식을 가지고 행동한다	학구적이다	재치가 있다	솔직하다	약속을 반드시 지킨다
결단력이 있다	현명하다	불의에 대항한다	소소한 것도 기억을 잘한다	열정적이다

통찰력이 있다	친절하다	다른 사람의 가능성을 잘 봐준다	말을 잘한다	리더십이 있다
과거의 의미를 잘 찾는다	설득력이 있다	대화를 잘 이끌어간다	융통성이 있다	진취적이다
평가를 잘한다	진실하다	타인의 의견을 존중한다	따뜻하다	마무리를 잘한다
다른 사람을 동기부여한다	관찰력이 뛰어나다	평정심을 유지한다	상황을 잘 진단한다	승부욕이 강하다
다른 사람의 감정을 잘 이해한다	생산적이다	문장력이 뛰어나다	감사의 표현을 잘한다	옳고 그름에 분별력이 뛰어나다
트렌드를 잘 파악한다	계획을 잘 세운다	명확하게 의사 표현을 잘한다	현실적으로 생각한다	자기반성을 잘한다
차이점을 잘 찾아낸다	다른 사람에게 비전을 잘 제시한다	성장하기 위해 애쓴다	끝까지 책임을 진다	경쟁심이 뛰어나다
개인의 특징을 잘 찾아낸다	맥락을 잘 살핀다	이야기를 잘 들어준다	통제를 잘한다	다른 사람의 필요를 잘 파악한다
자료를 시각화하는 능력이 뛰어나다	카리스마가 있다	감정을 잘 다스린다	집중력이 좋다	생각이 깊다
연약한 사람을 잘 보호한다	표현력이 뛰어나다	규칙을 잘 지킨다	독립심이 강하다	타인에게 영감을 준다
꼼꼼하다	다른 사람의 입장을 잘 이해한다	예술적 감각이 뛰어나다	변화를 잘 이끈다	전략적이다
편안한 분위기를 잘 만들어준다	고통을 잘 이겨낸다	다른 사람에게 개방적이다	세심하다	도구를 잘 다룬다
자신의 재능과 능력을 개발하는 데 투자한다	효율적인 사람이다	삶을 즐길 줄 안다	경솔하게 행동하지 않는다	비밀을 잘 지킨다
문맥을 잘 파악한다	요약을 잘한다	논리적이다	다른 사람이 잘하는 것을 잘 찾아준다	손재주가 좋다

끝까지 한다	지적인 호기심이 많다	현실에 안주하지 않는다	협력적이다	정돈을 잘한다
자신감이 있다	방향을 벗어나지 않는다	다른 사람들을 소중히 대한다	위기에 잘 대처한다	미리미리 예상을 잘한다
다른 사람에게 선행을 잘 베푼다	앞을 잘 내다본다	추진력이 있다	좋은 네트워크를 형성해준다	합리적인 의사결정을 내린다
진정성이 있다	새로운 기회를 찾는다	목표를 잘 설정한다	자신을 희생할 줄 안다	순발력이 있다
상황을 정확히 묘사한다	여러 가지 일을 동시에 잘한다	실제적이다	자원을 효율적으로 관리한다	학습력이 뛰어나다
다른 사람에게 관심을 잘 가진다	문제를 잘 찾는다	자신을 낮출 줄 알고 자만하지 않는다	숫자를 잘 파악한다	인상이 좋다
상상력이 풍부하다	다른 사람을 잘 격려해준다	이해력이 빠르다	조직을 관리하는 능력이 뛰어나다	큰 목적을 위해 절제할 줄 안다
다른 사람을 잘 수용해준다	분위기를 잘 띄운다	언어능력이 뛰어나다	반복되는 일을 빠르게 처리한다	직관력이 뛰어나다
발표를 잘한다	영향력이 넓게 미친다	정보력이 뛰어나다	선두에 선다	다른 사람에게 호감을 준다
응용력이 뛰어나다	중재자 역할을 잘한다	우선순위가 분명하다	사람들에 대해 선입견이 없다	의지력이 강하다
실수를 반복하지 않는다	일관성이 있다	의욕이 넘친다	다른 사람을 격려한다	원인을 잘 분석한다

동그라미 친 문구들을 찬찬히 다시 읽어보면 나에게 어떤 재능이 있는지 힌트를 얻을 수 있습니다. 재미있게도 '칭찬을 잘하는 것' 자체가 하나의 재능입니다. 그러니 혹시 칭찬을 별로 받은 기억이 없더라도 나에게 재능이 없다고 실망하지 말고, 오히려 내 주변 사람들이 별로 칭찬에 재능이 없다고 생각하는 편이 좋습니다. 혹은 재능으로 어떤 성과를 냈지만, 나만 아는 성과일 뿐 주변 사람들에게 자랑할 기회가 없었을 수도 있습니다.

분노를 통한 발견

강점을 발견할 수 있는 또 하나의 방법은 의외의 곳에 있습니다. 바로 분노, 좀 더 정확하게 말하자면 '사람에 대한 답답함'입니다.

"우리 팀장은 어떻게 저럴 수 있지?"

이 짧은 문장 안에 당신의 재능과 강점에 대한 힌트가 숨어 있습니다. '어떻게 저럴 수 있지' 안에 담긴 속내는 '나라면 이렇게 할 텐데' 이고, 여기서 '이렇게'가 당신의 재능이나 강점일 수 있는 것이죠.

예를 들어봅시다.

우리 팀장은 왜 이렇게 계획 없이 움직이지?

→ 나라면 충분히 예측하고 계획을 세워서 움직일 텐데.

조 선임은 일이 많고 김 대리는 놀고 있는데 우리 팀장은 왜 그걸 놔두지?

→ 나라면 업무 배분을 다시 적절하게 조정해줄 텐데.

우리 팀장은 왜 항상 작년에 했던 일을 똑같이 하지?

→ 나라면 좀 더 새로운, 창의적인 아이디어를 시도해볼 텐데.

우리 팀장은 이미 결정 난 일을 왜 시작하지 않고 질질 끌지?

→ 나라면 주도적으로 일을 시작하고 치고 나갈 텐데.

우리 팀장은 어떻게 이 정도 품질에 만족할 수 있지?

→ 나라면 누가 뭐라든 더 완벽하게 끝내기 위해 노력할 텐데.

누군가와 일하면서 가장 화났던 기억이나, 회사를 퇴사하게 된 가장 결정적인 이유를 깊게 들여다보면 자신의 재능과 강점을 발견할 수 있습니다. 단, 그러려면 화난 이유에 대해 깊게 파고들어야 합니다. 그냥 '짜증나', '나랑 안 맞아', '재수없어' 같은 표면적 감정으로는 강점을 찾을 수 없습니다.

그리고 내가 상대방의 입장이었다면 구체적으로 어떻게 다르게 행동했을지 떠올리는 것이 강점 발견에 중요하며, '나라면 이렇게 할 텐데'라는 생각에 그치지 않고 '그렇다면 지금 다른 사람과 팀을 어떻게 도와줄 수 있는지'까지 이어지는 것이 가장 바람직합니다.

몰입을 통한 발견

미하이 칙센트미하이 교수가 이야기했듯이, 강점을 발견할 수 있는 또 하나의 요소는 몰입입니다. 가장 최근에 시간 가는 줄 모르고 어떤 일에 몰입했던 게 언제인가요? 쇼핑이나 게임을 제외하고 말

강점 발견

입니다. 회사에서 어떤 일에 완전히 몰입했던 기억이 있나요? 개발자라면 코드를 짜면서 완전히 몰두한 적이, 강사라면 자신의 강의에 완전히 열중한 적이, 기획자라면 엑셀로 숫자를 분석하는 데 완전히 집중한 적이 한 번쯤은 있을 것입니다.

만약 지금 일에서의 몰입도가 떨어진다면 어릴 적 기억을 되짚어보는 것도 좋습니다. 예를 들어 저는 레고, 프라모델, 과학상자, 고무동력기처럼 무언가를 만드는 것을 좋아했습니다. 여러분은 어떤 일에 정신을 놓고 몰입했나요?

어릴 적 몰입했던 일을 찾았다면 그 일의 어떤 측면이 특히 나를 몰입하게 했는지 한 단계 더 파고들어 보세요. 저처럼 레고 조립에 가장 몰입했더라도 몰입의 이유는 다를 수 있습니다.

'완성' 강점을 가진 사람은 레고 설명서에 나온 모양을 각도까지 똑같이 만들면서 만족감을 느낍니다. '창조' 강점을 가진 사람은 설명서를 따라 하기보다 세상에 없던 무언가를 만들면서 만족감을 느낍니다. '조정' 강점을 가진 사람은 움직이거나 합체하고 싶었던 부분을 생각대로 만들었을 때 만족감을 느낍니다. '동기부여' 강점을 가진 사람은 레고를 혼자 조립하기보다 친구와 같이 하며 만족감을 느낍니다. '탐구' 강점을 가진 사람은 레고를 조립하기보다 모으면서 만족감을 느낍니다.

이렇게 왜 그 일이 좋았는지 파고들다 보면 무엇이 나를 몰입하게 하는지 알 수 있습니다. 그리고 여러 몰입 경험의 공통 요소를 찾으면 나의 재능과 강점이 무엇인지 더 확실하게 드러날 것입니다.

앞에서 살펴본 것처럼 자신의 강점을 발견하는 방법은 여러 가지가 있습니다. 이렇게 발견한 내용을 정리하는 데는 '조하리의 창'이 도움이 됩니다. 이것은 스스로 알거나 모르는 영역, 타인이 알거나 모르는 영역을 살펴보면서 자신을 더 깊게 이해하는 프레임입니다.

	자신은 안다	자신은 모른다
타인은 안다	열린 창 open	보이지 않는 창 blind
타인은 모른다	숨겨진 창 hidden	미지의 창 unknown

강점을 발견하는 방법에서 칭찬은 '타인은 아는' 영역입니다. 자신이 이미 알고 있는 강점에 대한 칭찬일 수도 있고, 몰랐던 강점에 대한 칭찬일 수도 있습니다. 분노를 통한 발견은 '자신은 알지만 타인은 모르는' 영역입니다. 그래서 '나라면 이렇게 할 텐데 저 사람은 왜 저렇게 하지' 같은 반응이 나오는 것입니다. 마지막으로 몰입을 통한 발견은 이 네 가지 영역 모두에 해당될 수 있습니다.

	자신은 안다	자신은 모른다
타인은 안다	칭찬	
	몰입	
타인은 모른다	분노	

조하리의 창과 칭찬·분노·몰입을 통한 강점 발견 사이의 관계

강점 발견

강점 개발은 이 중에서 '열린 창'(나도 알고, 타인도 아는 영역)을 늘려 나가는 것입니다.

	자신은 안다	자신은 모른다
타인은 안다	열린 창 open	보이지 않는 창 blind
타인은 모른다	숨겨진 창 hidden	미지의 창 unknown

조하리의 창과 강점 개발

자신의 강점을 우선 인식하고, 학습과 연습을 통해 개발하면 자연스럽게 타인도 알게 됩니다. 보이지 않는 창과 숨겨진 창을 점점 열린 창으로 통합해나갈 때, '나'를 어떻게 사용해야 하는지 인생의 방향을 찾을 수 있습니다.

제3장

강점_성과의 기반

강점 정의에 기반이 된 이론과 경험

특질 이론

혹시 다음과 같은 말을 들어보았나요?

"당신은 역시 A형이라 소심하군요."

이렇게 사람의 성격을 내향형 혹은 외향형, 우호형 혹은 적대형처럼 흑백논리로 구분하는 것을 '성격유형론'이라 합니다. 사람의 다양한 성격을 몇 가지 유형으로 분류하여 단순화시키는 것이죠.

성격유형론에는 여러 한계가 있습니다.

첫 번째, 같은 유형 안에서도 사람들 간의 개인차가 크게 나타납니다. 예를 들어, 같은 내향형이라도 타인이 느끼기에는 외향형에 가까운 사람이 있고, 조직 생활이 거의 불가능할 정도의 내향형이 있을 수 있다는 것입니다.

두 번째, 성격유형을 구분하는 기준이 모호합니다. 성향의 정도가 심한 사람들은 티가 나지만, 그렇지 않은 사람들은 어디까지가 내향형이고 어디부터 외향형인지 확신하기 힘듭니다.

마지막으로, 성격유형론은 개인에 대한 고정관념과 편견을 초래할 수 있습니다. 개인의 다양한 특성을 무시한 채 몇 가지 키워드로만 꼬리표를 붙이기 때문입니다. 특히 부정적 뉘앙스의 성격유형을 지닌 사람은 본인 스스로나 타인에게 부정적인 사람으로 낙인찍힐 수 있다는 위험이 존재합니다.

성격유형론은 성격을 질적으로 구분한 것입니다. 질적인 차이는 성격을 몇 가지 유형으로 분류하는 범주적 분류categorical classification입니다. 반면에 현대의 성격심리학에서는 성격의 개인차를 양적인 차이로 간주합니다. 양적인 차이는 차원적 분류dimensional classification입니다. 성격의 개인차는 질적으로 다른 것이 아니라, 몇 가지 성격 차원을 각각 얼마큼씩 가지고 있느냐의 차이라고 보는 것입니다.

여기서 축이 되는 성격 차원을 특질traits이라 하며, 각 특질의 양으로 개인의 성격을 기술하고 이해하려는 관점을 '성격특질론'이라 합니다.

태니지먼트 강점 진단은 성격특질론을 따릅니다. 단순히 '어떤 강점의 유형이다'라고 표현하는 것이 아니라, 재능의 조합을 통해 개인이 '어떤 강점의 강약을 가지고 있는가'를 보여줍니다.

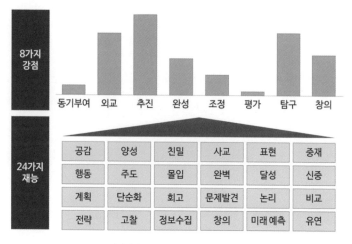

| 8가지 강점 | 동기부여 | 외교 | 추진 | 완성 | 조정 | 평가 | 탐구 | 창의 |

24가지 재능	공감	양성	친밀	사교	표현	중재
	행동	주도	몰입	완벽	달성	신중
	계획	단순화	회고	문제발견	논리	비교
	전략	고찰	정보수집	창의	미래 예측	유연

태니지먼트의 8가지 강점과 24가지 재능

태니지먼트에서도 가장 강하게 나타나는 강점을 대표 강점으로 표현하지만, 대표 강점 하나로 한 개인을 제대로 이해할 수 없습니다. 예를 들어, '추진' 강점이 가장 높은 사람들을 모아놓더라도 어떤 사람은 '외교' 강점을 동시에 가지고 있을 수 있고, 어떤 사람은 '조정' 강점도 높을 수 있습니다.

그래서 태니지먼트의 목적은 혈액형이나 별자리처럼 사람을 유형화하는 것이 아니라, 강점 개발의 방향을 제시하는 것입니다.

벨빈의 팀 역할이론

영국의 경영이론가 메러디스 벨빈Meredith R. Belbin은 헨리 경영대학에서 어떤 팀 구성이 가장 탁월한 성과를 내는지에 대해 수십 년간 연구해왔습니다. 연구진은 여러 조직의 간부들로 구성된 참가자를 대상으로 모의경영게임을 진행하면서, 어떤 유형의 사람들을 한 팀으로 조직했을 때 높은 등수를 차지하는지 관찰했습니다. EME_{Executive} Management Exercise, 나중엔 팀모폴리_{Teamopoly}로 이름이 바뀐 모의경영게임은 팀장·서기·마케팅·생산·회계·경영지원의 여섯 역할을 각 한 명씩 맡아 팀을 이룹니다. 게임에서 우승하는 법은 초기에 경매로 자산을 획득하고, 다른 팀과의 거래로 불필요한 자산을 처분하여 자산 가치를 가장 많이 상승시키는 것입니다. 실제 회사 경영과 유사하도록 금융회사, 노동조합 같은 요소도 게임에 포함되어 있습니다.

벨빈은 우선 참가자들에게 인성 검사를 실시하여 몇 가지 유형으로 지원자를 분류했습니다. 그리고 검사 결과에 따라 특정 유형으로만 이루어진 팀을 구성해보기도 하고, 몇 가지 유형을 조합해보기도 하면서 이러한 조합이 전체 게임 순위에 어떤 영향을 미치는지를 파악했습니다. 또한 관찰자를 통해 사람들이 팀 내에서 어떻게 의사소통하는지를 연구했습니다. 예를 들어, 안정된 외향형으로만 구성된 팀은 활발하게 의견을 나누며 중요한 사안이 생기면 팀원들의 의견을 종합하여 대처했습니다. 또 안정된 외향형 팀의 팀원들은 다른 팀보다 더 큰 재량권을 가진 경우가 많았지만 대부분 짝을 지어 일했기 때문에 혼자서 중요한 결정을 내리는 일은 거의 없었습니다.

이렇게 여러 가지 조합으로 팀을 구성하고 각 팀원이 실제 팀 내에서 어떤 역할을 하는지 관찰하면서, 벨빈은 성공적인 팀에는 9가지 역할을 맡을 사람이 골고루 있음을 발견합니다(9가지 팀 역할이 팀에 적어도 아홉 명이 있어야 한다는 뜻은 아닙니다. 한 사람이 동시에 두세 가지 역할을 맡을 수 있기 때문입니다). 연구진은 각 역할이 팀의 문제해결에 어떤 식으로 기여하는지, 각 역할이 없으면 어떤 문제가 일어나는지, 반대로 같은 역할을 가진 사람이 너무 많으면 어떤 문제가 생기는지 관찰한 내용을 정리했습니다.

벨빈이 각 역할에 대해 기술한 내용을 보면서 태니지먼트는 특정 역할을 맡기 위해서는 여러 재능들이 필요함을 발견하고, 벨빈이 이야기한 역할이 결국 재능의 조합인 강점과 동일한 차원이라고 판단했습니다. 그래서 벨빈이 정의한 9가지 역할의 이름은 참고하되, 이를 역할이 아니라 강점으로 정의했지요. 단, 9가지 역할 중에서 '전문가'는 강점이나 태도보다는 지능과 경험, 지식의 양이 더 중요하기 때문에 강점을 정의하는 과정에서 제외했습니다. 결과적으로 태니지먼트에서 정의하는 강점은 8가지로, 다음과 같습니다.

동기부여 다른 사람을 독려하여 팀을 움직이는 강점

외　교 네트워크나 소통으로 문제를 쉽게 풀어가는 강점

추　진 목표를 달성하기 위해 주도적으로 일을 추진하는 강점

완　성 집중하여 일을 완벽하게 완성하는 강점

조　정 일을 정돈하여 계획적으로 수행하는 강점

평　가 논리적으로 판단하여 객관적으로 평가하는 강점

탐　구 정보를 바탕으로 다양한 대안을 깊이 생각하는 강점

창　조 상상력을 발휘하여 새로운 것을 제안하는 강점

태니지먼트 팀은 국내 모 그룹사 인사실 출신들이 주축이 되어 만들어졌습니다. 주요 사업 영역은 패션, 유통, 외식, 호텔 등 주로 현장에서 고객을 섬기는 B2C_Business to Consumer 사업이 대부분이었습니다. 이런 직종에서는 직원이 어떤 학교를 나왔는지, 어떤 자격증이 있는지, 영어시험 점수가 얼마인지가 상대적으로 중요하지 않습니다. 오히려 자신의 강점을 이해하고 현장에서 그 강점을 잘 활용하는 직원들이 높은 성과를 내지요.

업의 특성상, 경영진에서는 고성과자들의 유형을 파악하기 위해 오랫동안 강점에 관심을 가지고 프로젝트를 진행해왔습니다. 직원뿐만 아니라 모든 지원자는 갤럽의 StrengthsFinder 검사, MBTI 검사[4], DISC 검사[5], Communication Style 검사[6]를 봐야 하고, 인사실에서는 이 결과를 바탕으로 채용이나 배치 등 인사에 관한 주요 결정을 내렸습니다. 이렇게 배치된 직원들이 10여 년간 어떤 성과를 냈는지 추적하고 연구했습니다. 마치 벨빈이 헨리 경영대학에서 진행한 연구처럼 어떤 포지션에 어떤 강점이 필요한지, 팀에 어떤 강점이 조합되어 있을 때 어떤 성과를 내는지 등 다양한 패턴과 노하우를 체득할 수 있었습니다.

물론 기업 실무자들이 진행한 것이니 상아탑에서의 연구만큼 학문적으로 엄밀한 검증은 아닐 수 있습니다. 하지만 상대적으로 더 다양한 데이터를 가지고(예를 들어 각 직원의 강점뿐 아니라 성과 평가 결과와 상사의 피드백까지 비교), 더 오랫동안 추적 관찰할 수 있었습니다. 한때 에이스로 평가받던 직원이 자신의 강점을 발휘하지 못하는 포지션으로 가면서 어떤 어려움에 빠졌는지, 반대로 평범했던 직원이 강점을 활용할 줄 아는 상사를 만나서 얼마나 놀라운 성과를 냈는지는 인사실의 주요 대화 주제였습니다. 여러 이유로 우리 회사에서는 쓰지 못하던 강점을 이직한 후에 꽃피우는 직원들을 보며 씁쓸해하기도 했지요.

태니지먼트는 그 당시의 노하우가 집약된 도구입니다. 이전 회사에서의 데이터는 퇴사하면서 모두 파기했기 때문에 정량적인 근거는 제시할 수 없지만 채용, 배치, 승진과 직책자 발탁을 강점과 연결하여 검토하던 암묵지는 모두 여기에 담겨 있습니다. 태니지먼트는 대부분의 인성 검사와는 달리 처음부터 팀이나 비즈니스에서의 활용을 중요한 목적으로 개발되었습니다(팀에서 태니지먼트를 어떤 식으로 활용하면 좋을지는 6장에서 8장에 걸쳐 더 자세히 살펴보겠습니다).

비즈니스에서 발현되는 8가지 강점

나의 강점은 무엇일까

앞서 칭찬, 분노, 몰입에서 강점을 찾을 수 있다고 말씀드렸지만, 여전히 자기 강점이 무엇인지 잘 모르겠다면 태니지먼트 진단을 받아보는 것도 좋은 방법입니다. 태니지먼트 홈페이지(http://tanagement.co.kr)에서 회원 가입 후 '강점 진단' 메뉴로 들어가 진단을 받아

태니지먼트 홈페이지

보기 바랍니다. 태니지먼트 진단 앱은 안드로이드 플레이스토어나 아이폰 앱스토어에서 '태니지먼트'로 검색하거나, 아래 QR코드를 스캔하여 다운받을 수 있습니다.

태니지먼트 앱 다운로드
(Android)

태니지먼트 앱 다운로드
(iphone)

진단에는 약 60분이 소요되니 반드시 충분한 시간을 확보하고 진행하시기 바랍니다. 만약 앱을 통한 진단이 어려운 상황이라면 다음의 간단한 질문지를 통해 여러분의 강점을 알아볼 수 있습니다.

다음 페이지에 있는 표에서 각 번호의 4가지 보기 중 '나를 가장 잘 설명하는 한 단어'를 찾아보세요. 내가 되고 싶은 모습이 아니라 지금의 내 모습을 선택해야 합니다.

나를 가장 잘 설명하는 단어를 찾으시오.

1	친절한	주도적인	계획적인	효율적인
2	감성적인	목표를 달성하는	분석적인	상상력이 풍부한
3	사교적인	집요한	객관적인	창의적인
4	표현을 잘하는	추진력이 있는	관리하는	직관적인
5	격려하는	행동력이 있는	논리적인	숨겨진 창
6	중재하는	신중한	정리를 잘하는	지적인
7	모임을 즐기는	끝까지 마무리하는	체계적인	융통성 있는
8	세심한	앞장서는	비교하는	탐구심이 많은
9	친절한	사교적인	주도적인	집요한
10	계획적인	객관적인	효율적인	창의적인
11	감성적인	표현을 잘하는	추진력 있는	목표를 달성하는
12	관리하는	분석적인	깊이 생각하는	상상력이 풍부한
13	격려하는	중재하는	정리를 잘하는	논리적인
14	행동력 있는	신중한	지적인	직관적인
15	세심한	끝까지 마무리하는	체계적인	탐구심이 많은
16	모임을 즐기는	앞장서는	비교하는	융통성 있는
17	세심한	신중한	관리하는	창의적인
18	사교적인	추진력 있는	논리적인	탐구심이 많은
19	감성적인	정리를 잘하는	끝까지 마무리하는	창의적인
20	표현을 잘하는	논리적인	앞장서는	효율적인

선택을 마쳤으면, 채점표를 보면서 자신이 a부터 h까지 각 알파벳을 몇 번 체크했는지 세어보기 바랍니다.

채점표

1	a	c	e	g
2	a	d	f	h
3	b	d	f	h
4	b	c	e	g
5	a	c	f	g
6	b	d	e	g
7	b	d	e	h
8	a	c	f	g
9	a	b	c	d
10	e	f	g	h
11	a	b	c	d
12	e	f	g	h
13	a	b	e	f
14	c	d	g	h
15	a	d	e	g
16	b	c	f	h
17	a	d	e	h
18	b	c	f	g
19	a	e	d	h
20	b	f	c	g

결과표

	a. 동기 부여	b. 외교	c. 추진	d. 완성
합계				
	e. 조정	f. 평가	g. 탐구	h. 창조
합계				

가장 많이 선택한 알파벳에 해당하는 강점이 여러분의 대표 강점입니다. 간단한 질문으로는 정확도가 떨어지므로, 가급적 앱을 통해 정식 진단을 해보길 권해드립니다. 무료 진단은 강점을, 유료 진단은 강점·재능·태도에 대해 알려줍니다.

태니지먼트에서 정의하는 8가지 강점들을 성격심리학에서 성격을 분류할 때 자주 사용하는 영향, 실행, 분석, 설계 4가지 영역을 기준으로 재배치하여 원형 그래프로 표현한 것이 바로 '태니지먼트 휠 TANAGEMENT WHEEL'입니다.

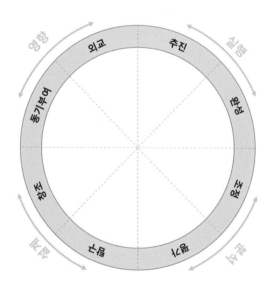

태니지먼트 휠

강점 발견

8가지 강점을 막대그래프가 아니라 방사형 그래프로 나타낸 것은 인접한 강점끼리 서로 연관이 있기 때문입니다. 통계적으로도 특정 강점을 가진 사람은 (인접하지 않은 다른 강점에 비해) 인접한 강점도 가지고 있을 가능성이 상대적으로 높습니다.

아래 그래프에서 파란색과 빨간색 화살표가 나타내듯이, 그래프 중앙에서 노란 실선(혹은 회색 점선)이 벌어진 정도가 해당 강점을 얼마나 자연스럽게 사용할 수 있는지를 나타냅니다.

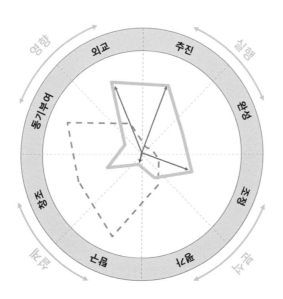

이 그래프의 경우 가장 큰 강점은 외교이며, 반대로 가장 작은 강점은 탐구임을 확인할 수 있습니다. 다만, 그래프에서 보여주는 강점의 크기는 개인이 가지고 있는 강점의 가능성과 잠재력의 크기일 뿐, 어떤 지식과 스킬이 있는가에 따라 타인에게 보이는 모습에는 차이가 있을 수 있습니다.

가장 큰 강점을 '대표 강점'이라고 합니다. 하지만 그다음, 또 그다음으로 어떤 강점(위에서는 추진, 조정)이 있는지, 약하게 나온 강점이 어떤 것인지에 따라 행동은 다르게 나타납니다. 태니지먼트 휠을 통해 본인의 가장 강한 영역뿐 아니라 가장 약한 영역도 인지하는 것이 중요합니다. 이제 각 강점에 대해 더 구체적으로 정리하는 방법을 살펴보겠습니다.

강점 발견

강점의 특징 정리 양식

한 문장	강점을 설명하는 한 문장
설명	강점에 대한 설명, 강점을 가진 사람이 나타내는 행동, 강점을 개발하는 방법
자주 하는 말	강점을 가진 사람이 자주 하는 말
성과를 내는 법	강점으로 성과를 내는 방법
긍정적 발현	강점이 비즈니스 성과에 긍정적인 영향을 미치는 경우
부정적 발현	강점이 비즈니스 성과에 부정적인 영향을 미치는 경우
표현 문구	이 강점을 가진 사람을 표현해줄 수 있는 문구

동기부여motivate

동기부여는 다른 사람의 감정을 쉽게 이해하거나 다른 사람을 격려하고 성장시키는 강점입니다. 주로 비전을 제시하거나 사람을 관리하는 사람들에게 자주 나타납니다.

동기부여 강점의 특징

한 문장	다른 사람을 독려하여 팀을 움직이는 강점
설명	당신은 다른 사람을 이해하고 가능성을 찾도록 도와주고 싶어 한다. 당신은 다른 사람에게 감동을 주고, 다른 사람에게 좋은 영향을 미치는 것으로부터 만족감을 얻는다. 또한 함께하는 사람들을 지지하고 필요를 채워주려고 한다. 당신은 다른 사람들을 어떻게 하면 움직일 수 있을지를 고민한다. 그래서 당신은 일을 추진하는 것보다 다른 사람의 마음을 움직이는 것을 더 중요하게 생각한다. 당신은 상대방의 필요를 쉽게 느낀다. 다른 사람의 필요에서 아이디어를 얻기도 하고, 필요를 채워주면서 당신을 지지하는 좋은 동료들이 생긴다. 다른 사람의 강점을 더 쉽게 느낄 수 있도록 인간관계 및 심리학 등의 학문을 학습하면 강점을 더 잘 활용할 수 있다. 그리고 당신의 일이 다른 사람에게 어떤 의미를 주거나 어떤 영향을 발휘하는지 인식할 수 있다면 지속적으로 만족감을 느낄 수 있을 것이다.
자주 하는 말	"당신의 의견이 정말 좋은 것 같은데, 어떻게 그런 훌륭한 생각을 할 수 있죠?" "요즘 너무 무리했는데, 음료 한잔 하면서 다시 생각해보는 것은 어때요?"

성과를 내는 법	팀의 조화를 위해 노력하고, 다른 사람의 아이디어에 귀 기울여 매사 타협적인 태도로 팀을 이끈다. 사교적이지는 않지만 의사소통을 잘하며, 센스 있고 호혜적이다. 특히 경쟁적이며 목표 지향적인 팀장 아래서 팀 구성원 간에 더 많은 협조를 도출해낸다.
긍정적 발현	팀의 목적의식을 고취시킨다. 다른 사람을 독려하고 적절히 반응한다.
부정적 발현	압박이 있는 상황에서는 우유부단해진다. 관계 때문에 일의 속도가 느려진다.
표현 문구	잘 이해해주는 사람 감성적인 사람 세심한 사람 알아차리는 사람 비밀을 지켜주는 사람 감성이 풍부한 사람 감정에 이입하는 사람 격려를 잘하는 사람 타인 지향적인 사람 진심을 다하는 사람 영향력을 행사하는 사람

외교는 다양한 사람을 만나고 네트워크를 형성하며 사람들을 연결해 문제를 해결하는 강점입니다. 새로운 사람을 만나야 하는 일이나 협상을 많이 하는 사람들에게 주로 보입니다.

외교 강점의 특징

한 문장	네트워크나 소통으로 문제를 쉽게 풀어가는 강점
설명	당신은 다양한 사람들과 소통하고 연결되어 있고 싶어 한다. 그래서 사람을 더 많이 만나고 그들과 연결될 때 활력을 얻는다. 당신은 매우 외향적이며 사교적이기 때문에 주변에 많은 사람들이 모인다. 또한 당신은 어떻게 하면 다른 사람들을 연결시켜줄 수 있을까를 고민한다. 당신은 일 자체를 고민하는 것보다, 넓은 네트워크를 통해서 외교적 자원을 확보하여 일이 좀 더 쉽게 해결될 수 있도록 이끈다. 사람들의 네트워크를 통해서 시너지를 만들고 문제를 빠르게 해결할 수 있는 방법을 찾아내는 데 탁월하다. 당신은 네트워크를 확장하기 위해, 다양한 사교모임에 참석하거나 다른 사람들을 설득하는 스피치 훈련을 하면 강점을 더 잘 활용할 수 있다. 그리고 다양한 사람을 만나거나 외부지향적인 일에서 지속적으로 만족감을 느낄 수 있을 것이다.
자주 하는 말	"이 일은 ○○ 님이 전문가라서 이분을 만나면 쉽게 해결할 수 있을 것 같아요." "우리 사이에 왜 그러시나요? 이번 일은 특별히 도움을 주실 수 있으실 것 같은데요?"

성과를 내는 법	외교적 수완을 가지고 자원이 될 만한 사람을 잘 찾으며, 외부 접촉을 통하여 조직의 향상을 꾀한다. 개별 팀의 부분합이 아닌 다양한 이해관계 속에서 합의점을 도출하고 전체 시너지를 이끌어낸다. 외향적이고 융통성이 많다.
긍정적 발현	도전적인 일에 잘 대응한다. 인적 네트워크를 잘 활용한다.
부정적 발현	자신만의 전문성을 쌓지 않는다. 정해진 사람들과 일해야 하는 환경에서 답답함을 느낀다.
표현 문구	매력적인 사람 사회성이 강한 사람 사람들을 이어주는 사람 외향적인 사람 분위기를 만드는 사람 남과 어울리기 좋아하는 사람 마음을 끄는 사람 다양한 사람을 만나는 사람 표현력이 뛰어난 사람 사람 사이의 갈등을 줄여주는 사람 합의점을 찾아내는 사람 재미있는 사람

추진propel

추진은 주도적으로 행동하고, 몰입해서 일하는 강점입니다. 책상에 앉아 보고서를 쓰기보다 직접 뛰면서 일을 만들어나가야 하는 사람들에게 특히 필요합니다.

추진 강점의 특징

한 문장	목표를 달성하기 위해 주도적으로 일을 추진하는 강점
설명	당신은 목표를 정하고 이를 향해 일을 주도적으로 추진하고 싶어 한다. 때문에 일을 주도하거나 행동에 옮기지 않고 있을 때 불안함을 느낀다. 당신은 매우 열정적이고 주도적이기 때문에 다른 사람을 이끌어가는 역할을 주로 한다. 당신은 높은 성취 욕구를 지니고 있어 어떤 일이든지 쉽게 도전하고 성취해낸다. 다른 사람들에게도 높은 목표를 제시하고 경쟁심을 적절하게 자극하여 새로운 일을 만들어내고 추진한다. 당신의 추진력을 더욱 강하게 만들기 위해 새로운 일들에 계속해서 도전하면서 성공 패턴을 쌓아나가고, 사람들이 당신을 따르게 하는 리더십 스킬을 배우면 강점을 더 잘 활용할 수 있다. 새롭게 시작되는 일이나 당신의 주도성과 자율권이 보장된 곳에서 일할 때 지속적으로 만족감을 느낄 수 있을 것이다.
자주 하는 말	"○○사업부가 매출 500억을 달성했다고 하던데, 우리는 적어도 800억은 할 수 있지 않을까요? "일단 시작해보고 나중에 개선하는 게 어떨까요?"

강점 발견

성과를 내는 법	다른 팀원이 개발한 계획을 주도적으로 실행한다. 현실에 맞게 직접 시도해보면서 전략을 변경하고 팀의 목표 달성을 위한 실질적인 방법을 추구한다. 목표에 몰입하여 일이 실제로 진행되게 만든다.
긍정적 발현	다른 사람을 자극하여 일을 추진한다. 어렵고 호감이 가지 않는 일도 목표를 위해 수행한다.
부정적 발현	일의 추진을 사람보다 우선한다. 팀원에게 참을성이 없고 심지어 신경질을 내는 경향이 있다. 주도권이 없는 상황에서 방관하는 모습을 보인다.
표현 문구	추진력 있는 사람 언제든 시작할 수 있는 사람 준비되어 있는 사람 행동 지향적인 사람 주도적인 사람 촉매제 역할을 하는 사람 행동이 빠른 사람 역동적인 사람 빠르게 돌입하는 사람 목표 지향적인 사람 의욕이 넘치는 사람 다른 사람들을 이끄는 사람

완성accomplish

완성은 신중하고 디테일하게 생각해서 높은 품질의 결과물을 추구하는 강점입니다. 새로운 것을 시도하기보다 하던 일을 더 완벽하게 해야 하는 포지션에 자주 나타납니다.

완성 강점의 특징

한 문장	집중하여 일을 완벽하게 마무리하는 강점
설명	당신은 맡겨진 일에 집중하여 일을 완벽하게 해내고 싶어 한다. 남들이 이 정도면 충분하다 해도 당신은 스스로 기대하는 수준에 미치지 못하는 것을 참을 수가 없다. 당신은 성실하고 꾸준하며 신중하게 해야 할 일들을 관리한다. 당신은 주로 당신에게 맡겨진 일들을 어떻게 하면 더 완벽하고 깔끔하게 마무리할 수 있을까를 고민하며, 일을 진행할 때 세부적인 것까지 꼼꼼하게 체크하고 실수나 위험 요소들을 미리 차단해 일을 완벽하게 마무리한다. 당신에게 맡겨진 일을 더 완벽하게 완수하기 위해서, 과업이나 리스크를 전문적으로 관리하는 노하우를 배우면 강점을 더 잘 활용할 수 있다. 당신은 일에서 실수하지 않는 것과 완성도를 높이는 것 자체가 중요한 목표가 될 때 만족감을 느낄 수 있을 것이다.
자주 하는 말	"말씀하신 것은 너무 이상적입니다. 제대로 실행되려면 이런 부분까지 세부적으로 검토해봐야 합니다." "잠시만요, 제출하기 전에 보고서를 한 번만 더 검토해보면 좋을 것 같아요."

성과를 내는 법	문제를 늘 염두에 두고 세부적으로 검토하여 완벽히 마무리해낸다. 프로젝트의 세부적인 사항을 검토·시연·관리하는 데 관심이 있으며, 꼼꼼하게 실행한다. 프로젝트의 초기 단계에 너무 흥분한 급진적 팀 구성원들에게 완충 역할을 한다.
긍정적 발현	일을 끝까지 마무리한다. 높은 수준의 기준을 가지고 있다.
부정적 발현	검증되지 않은 새로운 시도를 꺼린다. 세세한 것에 근심이 많고, 최종 결과에 대해 불안해한다. 완벽을 기하기 위해 속도를 늦추고 일정을 연기한다.
표현 문구	품질을 중시하는 사람 결과를 중시하는 사람 탁월함을 의식하는 사람 기준이 높은 사람 꾸준한 사람 사려 깊은 사람 집요한 사람 끝까지 행동하는 사람 근면한 사람 성실한 사람 진지한 사람 스스로 동기부여하는 사람

조정 organize

조정은 복잡한 상황을 정리하고 주어진 자원을 관리하거나 계획하는 강점입니다. 프로세스를 관리하는 기획자들에게 자주 나타납니다.

조정 강점의 특징

한 문장	일을 정돈하여 계획적으로 수행하는 강점
설명	당신은 팀의 목표를 정돈하고 계획적으로 진행하고 싶어 한다. 당신은 다른 사람의 과업이나 역할을 정리하고 조율하며, 이를 통해 팀에 주어진 자원을 적절하게 배분하고 관리한다. 당신은 복잡한 상황에서도 중요한 것과 중요하지 않은 것을 구분하고, 팀이 앞으로 해야 할 일들을 체계적으로 정리한다. 그리고 당신이 세운 계획과 실행 결과를 통해 지난 일들을 피드백하고, 다음으로 해야 할 일들을 새롭게 계획하고 준비한다. 당신은 계획을 세우거나 프로세스를 개선하는 방법론을 학습하면 강점을 더 잘 활용할 수 있다. 그리고 다양한 자원(사람, 돈, 상품)을 컨트롤하거나 무언가를 계획하고 피드백할 수 있는 일을 할 때 지속적으로 만족감을 느낄 수 있을 것이다.
자주 하는 말	"그 일은 언제까지 누가 하기로 했나요?" "○○ 님은 아이디어가 좋으니 A 업무를 맡고, ◇◇ 님은 정리를 잘하시니 B 업무를 맡아주면 좋겠어요."

강점 발견

성과내는 방법	목표를 달성하기 위해서 팀원의 역할을 잘 배정한다. 성실하고 인내심이 많으며 목표 지향적이다. 팀 구성원 사이에 논쟁이 있는 경우 결정적인 시기에 개입하여 조정하며, 커뮤니케이션을 촉진시킨다. 앞장서서 나서진 않지만, 뒤에서 팀을 통제하거나 지원한다.
긍정적 발현	강한 목표의식으로 팀에 집중하도록 도움을 준다. 다른 사람들의 기여도에 공정하다.
부정적 발현	실현 가능성을 미리 고민하여 새로운 아이디어에 보수적이다. 상황 변화에 유연하게 대처하지 못하고 계획에 집착한다.
표현 문구	계획적인 사람 구조적인 사람 예측 가능한 사람 세심한 사람 복잡한 것을 정리하는 사람 시기적절한 사람 정확한 사람 단순화하는 사람 생산성을 만들어내는 사람 일을 조율하는 사람 통제를 잘하는 사람 맥락을 찾아내는 사람

평가 evaluate

평가는 논리적으로 생각하고 문제를 발견하고 상황을 객관적으로 바라보고 개선하는 강점입니다. 상황이나 사람을 평가하거나, 여러 대안 중 하나를 결정해야 할 때 필요한 강점입니다.

평가 강점의 특징

한 문장	논리적으로 판단하여 객관적으로 진단하는 강점
설명	당신은 사실에 근거해서 논리적으로 상황을 평가하고 싶어 한다. 당신은 팀이 잘못된 방향으로 가지 않을 수 있도록 솔직하고 객관적으로 피드백한다. 그리고 현재 상황을 논리적으로 따져보고 구체적인 문제를 도출한다. 당신은 다른 사람들이 바쁘게 움직이고 행동하고 있을 때에도 조용히 데이터를 살펴보고 상황을 냉정하게 평가한다. 또한 사람들이 문제에 대해 객관성을 가지고 의사결정을 할 수 있도록 정보를 제공한다. 당신은 데이터 및 통계를 통해 객관성을 입증하거나 증명할 수 있는 방법을 학습하면 당신의 강점을 더 잘 활용할 수 있다. 그리고 객관적인 수치와 사실을 통해 문제점을 찾아주는 것으로 다른 사람들을 도울 수 있다. 상황을 평가하거나 문제를 도출하고 검증할 수 있는 일에서 지속적으로 만족감을 느낄 수 있을 것이다.
자주 하는 말	"그 의견은 A 측면에서는 좋은 대안이지만, B라는 문제도 고려해야 합니다." "잠시만요, 그 말은 논리적으로 모순이 있습니다."

강점 발견

성과를 내는 법	겉으로 드러난 현상을 파고들어 근본적인 문제를 찾아낸다. 창의적이지는 않지만 안건의 찬성과 반대 의견을 두루 고려해 결정 내린다. 팀 분위기에 휩쓸리지 않는 중간자 입장에서 의사결정을 객관적으로 한다.
긍정적 발현	대안의 장단점을 분석하여 최적의 결정을 내린다. 냉정한 판단력으로 팀이 잘못된 방향으로 가는 것을 막는다.
부정적 발현	시니컬한 태도를 지닐 수 있다. 팀원의 단점을 직설적으로 지적한다. 해결책보다는 문제에 보다 중점을 둔다.
표현 문구	논리적인 사람 수치를 해석하는 사람 조사에 능한 사람 문제점을 끄집어내는 사람 관찰력이 있는 사람 통찰력이 있는 사람 문제를 개선하는 사람 객관성을 유지하는 사람 데이터를 근거로 하는 사람 비교 우위를 차지하는 사람 명확한 사람 집요한 사람

탐구research

탐구는 수집한 정보를 바탕으로 숨겨진 본질을 고민하고 깊이 파고드는 강점입니다. 깊이 있는 지식과 고민을 바탕으로 문제를 해결하는 다양한 방법을 제시합니다.

탐구 강점의 특징

한 문장	정보를 바탕으로 다양한 대안을 깊이 생각하는 강점
설명	당신은 깊이 사고하고 싶어 한다. 당신은 생각하는 시간을 통해서 다른 사람들이 보지 못하는 부분을 발견하거나 해결한다. 당신은 다양한 시나리오를 생각하고 가설을 세우면서 좀 더 나은 방법을 찾아낸다. 당신은 상황 이면에 있는 본질적인 문제를 탐구하고 가장 효율적인 방법을 연구한다. 그렇기 때문에 한 분야의 깊이 있는 전문지식을 쌓거나 정보들을 소유하고 있을 수 있다. 한 분야를 깊이 있게 다룬 책이나 논문을 통해서 학습하고 고민한 생각들을 글로 정리하는 습관을 훈련하면 당신의 강점을 더 잘 개발할 수 있다. 한 영역을 깊게 파고들 수 있는 전문 분야나 연구 주제가 있는 분야의 일을 할 때 만족감을 느낄 수 있을 것이다.
자주 하는 말	"우리가 취할 수 있는 대안에 A, B, C가 있습니다." "이 문제에 대해 참고할 만한 자료가 더 없을까요?"

강점 발견

성과를 내는 법	오랜 경험을 바탕으로 업무와 연관된 전문적인 이론과 정보를 쌓는다. 팀으로 참여하는 것보다 다른 사람들에게 조언하고 지식을 나누는 것을 좋아한다. 많은 정보를 바탕으로 남들이 생각지 못했던 방법을 제시한다.
긍정적 발현	자기 분야에 대한 전문성으로 팀 성과에 기여한다. 팀이 놓치고 있는 부분을 언급하고, 대안을 제시한다.
부정적 발현	자신 있는 분야를 벗어나면 소극적인 자세로 변한다. 성과보다 학습에만 집중한다. 일의 기한을 고려하지 않고 깊게 파고들며 생각한다.
표현 문구	효과적인 사람 탐구심이 많은 사람 예상을 잘하는 사람 생각을 많이 하는 사람 통찰력이 있는 사람 전략을 세우는 사람 대안을 세우는 사람 자기 성찰적인 사람 사색적인 사람 지적인 사람 철학적인 사람 상식이 풍부한 사람

창조create

창조는 고정관념을 깨고 새로운 생각을 하거나 변화를 즐기고 반응하는 강점입니다. 색다른 아이디어가 중요한 광고나 마케팅 같은 포지션에서 자주 나타나는 강점입니다.

창조 강점의 특징

한 문장	상상력을 발휘하여 새로운 것을 제안하는 강점
설명	당신은 상상력을 발휘하여 기존의 것과 다른 새로운 것을 제안하고 싶어 한다. 당신은 독창적인 아이디어를 제공하거나 새로운 미래를 예측함으로써 다른 사람에게 영감을 준다. 당신은 상황이나 생각을 받아들일 때 고정관념을 싫어하고, 새로운 환경에 맞춰 유연하게 받아들이고 새롭게 인식한다. 또한, 다양한 현상이나 사물 간의 연결고리를 찾아 새로운 아이디어로 제시한다. 당신은 새로운 정보들을 계속해서 모으고, 서로의 연결고리를 찾아 새로운 용어 또는 관계로 재정의하는 연습을 통해 당신의 강점을 개발할 수 있다. 일을 할 때는, 제약 사항이 적고 창의적인 생각을 마음껏 활용할 수 있는 개방된 문화의 환경에 있다면 만족감을 느낄 수 있을 것이다.
자주 하는 말	"새롭게 떠오른 생각인데, 이런 방법을 시도해보는 것은 어떨까요?" "그건 너무 뻔하지 않을까요? 뭔가 더 참신했으면 좋겠습니다."

강점 발견

성과를 내는법	고정관념을 깨고 다양한 시각으로 문제에 접근하여 새로운 기회를 만들어 낸다. 이미 존재하는 자원과 아이디어를 새로운 관점에서 연결한다. 생각이 많으며 자신의 계획에 따라 독립적으로 일하기를 좋아한다.
긍정적 발현	팀이 금기로 여겼던 제약 사항을 탈피한다. 반복해오던 일을 더 효과적으로 할 수 있는 방법을 제시한다.
부정적 발현	형식적이거나 실용적인 것에 관심이 없다. 이전에 했던 일을 반복해야 할 때 흥미를 잃고 사기가 저하된다.
표현 문구	창의적인 사람 즉흥적인 사람 혁신적인 사람 직관력이 뛰어난 사람 활기를 주는 사람 아이디어를 제공하는 사람 정보를 연결하는 사람 미래 지향적인 사람 영감을 주는 사람 상상력이 풍부한 사람 예상을 잘하는 사람 변화에 쉽게 대응하는 사람

성격진단 검사를 하다 보면 질문의 보기를 보며 이런 생각이 들 때가 있습니다.

"집에선 이렇게 하고, 회사에선 저렇게 하는데 어느 걸 골라야 하나요?"

케임브리지 대학의 성격과 동기심리학자 브라이언 리틀Brian R. Little은 일상적인 행동에 크게 세 가지 동기가 있다고 이야기합니다. 첫 번째는 '생물 발생적' 동기입니다. 유전에 근거한, 타고난 동기입니다. 앞서 2장에서 설명한 두터운 신경섬유 회로가 영향을 주는 행동으로, 재능·강점과 연결되는 행동입니다.

두 번째는 '사회 발생적' 동기입니다. 우리는 사회화 과정에서 문화의 규칙·규범·기대를 배웁니다. 국가든 회사든 가정이든 어떤 조직에 속하면 해당 조직문화에서 적절하다고 받아들여지는 행동 양식이 있습니다. 예를 들어, 우리나라에서는 한때 외향적이고 남들 앞에 나서는 것을 '튀는' 것으로 좋게 보지 않았습니다. 하지만 지금은 그런 행동이 '개성 있고' '적극적인' 것으로 받아들여집니다. 누구나 타고난 외향성과 내향성의 정도가 있겠지만, 집단에 어울리려면 어떻게 해야 하는가에 따라 의도적으로 다르게 행동하는 것이 사회 발생적 동기입니다.

마지막은 '특수 발생적' 동기입니다. 일상에서 계획하고, 열망하고, 몰입하고, 개인적인 목표로 삼는 것들에서 나오는 동기입니다. 우리는 크고 작은 목표들을 세우며 살아갑니다. '일주일에 세 번 운동하기'와 같은 작은 목표도 있고, '대통령 당선'과 같이 원대한 목표도 있습니다. 목표가 커질수록 원래 타고난 강점만 사용해서 이루기 어려워집니다. 예를 들어, 성공한 사업가를 꿈꾸는 예비 창업가는 '조정'과 '추진' 강점으로 사업 계획을 세우고 주도적으로 일을 추진할 수 있지만, 실제 창업 후엔 영업이나 투자 유치를 위해 다양한 사람들을 만나는 '외교' 강점을 쓸 수밖에 없습니다. 이렇게 목표를 이루려면 어떻게 해야 하는가에 따라 자기에게 부족한 강점이라도 의식적으로 사용해야 하는 것이 특수 발생적 동기입니다.

태니지먼트에서는 첫 번째 생물 발생적 동기에 해당하는 강점을 '욕구 기반' 강점이라 정의합니다. 반면에 사회 발생적, 특수 발생적 동기에 해당하는 강점은 '행동판단 기반' 강점이라 정의하지요. 조직에서 나에게 기대하는 행동, 맡은 역할 때문에 할 수밖에 없는 행동, 자기가 원하는 모습(목표)에 다다르기 위해 그렇게 하는 것이 맞다고 판단하는 행동이 행동판단 기반 강점에서 나오는 행동입니다.

태니지먼트 휠을 보면 노란색 실선과 회색 점선 두 개의 그래프가 겹쳐져 있습니다. 노란색 실선이 욕구 기반의 강점을 나타내고, 회색 점선이 행동판단 기반의 강점을 나타냅니다.

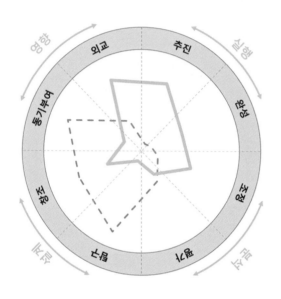

태니지먼트 휠에서의 욕구 기반 강점, 행동판단 기반 강점

태니지먼트 앱이나 리포트에 나타난 강점 설명은 욕구 기반 강점을 기준으로 합니다. 행동판단은 조직, 역할, 혹은 목표가 바뀜에 따라 변할 수 있기 때문입니다. 이미 태니지먼트 진단을 한 사람이 몇 개월, 몇 년 후에 다시 진단을 할 경우 노란색 그래프(욕구 기반)의 모양은 크게 변하지 않습니다. 일부 강점이 더 올라가거나 내려간 것처럼 보일 수 있지만, 그래프 모양의 대세는 바뀌지 않지요. 하지만 회색 점선으로 표현되는 행동판단 기반 강점은 진단 당시 내가 어떤 일을 맡고 있는지, 어떤 사람이 되고 싶어 하는지에 따라 가장 많이 쓰는 강점이 바뀔 수 있습니다.

태니지먼트 휠에서 노란색 실선 그래프와 회색 점선 그래프가 완전히 일치하는 사람은 없습니다. 다만, 얼마나 겹치는지는 사람마다 차이가 있습니다.

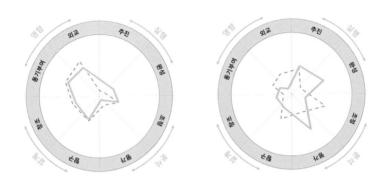

욕구 기반 강점과 행동판단 기반 강점이 유사한 경우와 차이가 큰 경우

먼저 이해해야 할 것은 행동판단 기반의 강점만으로도 '꽤' 잘할 수 있다는 점입니다. 딱히 재능이 있는지는 모르겠지만 오랫동안 이 일을 해왔고 그럭저럭 잘하는 편에 속하는 일이 하나쯤 있지 않나요? 타고난 재능이 부족하더라도 오랜 기간 꾸준히 하면서 지식과 기술이 쌓였기 때문에 어느 정도 성과를 낼 수 있는 것입니다.

많은 직장인들이 '많이 해봐서 잘하는 일'을 본인의 재능과 강점으로 착각하며 다른 일을 시도하는 것을 두려워합니다. 하지만 이런 식으로는 '꽤' 잘할 수는 있어도 '탁월한' 성과를 낼 수는 없습니다. 기본 재능이 밑받침되지 않기 때문입니다. 그리고 하면 할수록 몰입하고 성취감과 만족감을 느끼는 것이 아니라 번아웃이 될 가능성이 높습니다. 해오던 것이라, 할 줄 아는 다른 것이 없어서, 타성으로 하는 일이 되는 것입니다.

태니지먼트에서는 노란색 실선과 회색 점선이 어느 정도 일치할 때, 즉 욕구 기반의 강점을 실제 업무에서 활용하며 살고 있을 때 몰입감과 만족감이 올라간다고 이야기합니다. 하지만 욕구와 행동판단에 차이가 나는 것이 무조건 나쁘다고 보기는 어렵습니다. 차이가 나는 이유에도 여러 가지가 있을 수 있기 때문입니다.

그나마 긍정적인 경우는 개발을 목적으로 일부러 자기 강점이 아닌 영역을 사용하는 상황입니다. 우리나라는 아직 위로 올라갈수록, 특히 임원이 되려면 팔방미인이 되어야 한다는 인식이 있습니다. 그래서 상사가 부하직원의 약점을 파악하고 이를 보완할 수 있도록 일부러 관련 역할을 시키기도 합니다. 혹은 본인이 스스로 경력 관리를 위해 익숙하지 않은 영역에 도전했을 수도 있습니다.

충분히 가능한 시나리오지만 여기엔 두 가지 전제 조건이 필요합니다. 첫 번째 전제조건은 '정해진 기간 동안'만 약한 영역을 보완하는 데 쓰셔야 한다는 것입니다. 약한 영역을 일부러 계속 쓰다 보면 번아웃이 오기도 하고, 이왕이면 그 시간과 노력을 본인의 강점을 더 개발하는 데 사용하는 것이 조직의 성과와 개인의 성장에 훨씬 도움이 되기 때문입니다. 두 번째는 그래도 재능을 어느 정도 가지고 있는 영역을 개발해야 한다는 점입니다. 자신의 Top 강점은 아니더라도 3~4번째 정도는 되는 강점이라야 그나마 개발이 가능합니다. 강점과 연결된 재능 중에 일부라도 가지고 있다는 뜻이기 때문

강점 발견

입니다. 재능이 거의 없는 영역을 붙잡고 아무리 노력해봐야 결과는 실망스러울 수밖에 없습니다.

자신의 원래 강점을 '인지한' 상태에서 '의도적으로' 다른 강점을 쓰는 경우는 그나마 낫지만, 실상은 어쩌다 보니 자기 강점을 발휘하지 못하는 상황에 '처한' 경우가 많습니다. 상사가 부하직원의 강점에 관심도 없고, 그저 조직에 필요한 일을 경력이나 사내 정치 논리로 분배하다 보니 그 일이 떨어진 것입니다. 게다가 자기 강점도 잘 모르고, 뚜렷한 커리어 목표도 없는 상황이라면 이런 상황이 비일비재하게 일어나지요.

《프레임》과《굿 라이프》의 저자인 서울대학교 최인철 교수팀은 사람들이 인식하는 현실 자기actual self와 되고자 열망하는 이상적인 자기ideal self, 되어야만 하는 당위적인 자기ought self의 차이에 따라 느끼는 행복의 차이를 연구했습니다. 태니지먼트 휠에서 노란색 실선의 욕구 기반 강점은 이상적인 자기, 회색 점선의 행동판단 기반 강점은 현실 자기와 당위적인 자기가 혼합된 것이라 해석할 수 있을 것 같습니다. 태니지먼트 휠은 실제 개발된 정도가 아니라 잠재력의 크기를 표시하므로 현실 자기는 모양은 노란색에 가깝지만 크기는 더 작을 것이라 생각할 수 있습니다.

연구 결과, 이상적인 자기와 현실 자기의 차이, 당위적인 자기와 현실 자기의 차이 모두 행복과 부적(-) 관계에 있었습니다. 더 중요한 결과는, 두 괴리 중 현실 자기와 이상적 자기의 차이가 현실 자기와 당위적 자기의 차이보다 훨씬 행복에 큰 영향을 주었다는 점입니다. 최인철 교수는 이를 이렇게 정리합니다.

이 결과는 다른 사람들의 기대에 부응하기 위해 살아가기보다 자신이 원하는 삶을 살아갈 때 행복이 찾아온다는 점을 시사한다.

노란색 실선과 회색 점선의 차이가 큰 사람은 현실 자기와 당위적인 자기의 차이가 크다고 볼 수 있습니다. 코칭을 하다 보면 이런 사람들이 퇴사나 이직, 커리어 변경에 대한 고민을 털어놓는 경우가 많습니다. 그러나 노란색 실선과 회색 점선이 각각 무슨 뜻이고, 이를 이전에 몰입해서 했던 일(노란색 실선과 회색 점선이 비슷했을 때)과 지금 맡은 일에 대입해서 설명하다 보면 왜 그렇게 출근길이 무겁게 느껴지는지 스스로 깨닫게 되지요(이런 상황에서는 어떻게 하면 좋은지 6장에서 잡 크래프팅에 대해 살펴보겠습니다).

강점의 잠재력 vs 절대적 크기

태니지먼트 휠을 해석하면서 마지막으로 염두에 둘 점은 노란색 실선의 크기가 강점의 절대적 크기를 나타내지 않는다는 것입니다. 강점의 정의가 무엇인지 다시 한번 살펴봅시다.

강점이란, 재능의 조합에 노력을 더해 개발한, 성과를 내는 역량이다.

태니지먼트 진단은 여러분에게 어떤 재능이 있는지 알려줍니다. 그리고 각 강점과 연관된 재능을 얼마나 많이 가졌는지 태니지먼트 휠 그래프로 보여줍니다. 하지만 비즈니스에서 실제 강점을 개발하기 위해 얼마나 노력했는지는 측정해주지 못합니다. 진단을 진행하

강점 발견

면서 중간에 수학 실력이나 영어 실력, 소통 능력을 묻는 질문은 못 보았을 것입니다. 모든 진단 문항은 재능과 태도에 관한 것이죠.

태니지먼트 휠에서 어떤 강점이 높게 나타난다는 것은 여러분이 그 강점과 연결된 재능을 상대적으로 더 많이 가지고 있다는 뜻입니다. 리포트에서는 편의상 '강점'이라 표현하지만, 엄밀히 말하자면 여러분은 그 강점에 대한 '잠재력'을 가지고 있을 뿐입니다. 잠재력이 실제 강점이 되려면 해당 분야의 지식과 기술이 축적되어야 합니다.

'완성' 강점을 가진 사람이 완성도를 높일 방법을 모른다면 일의 퀄리티에 대해 불만만 쌓입니다. '추진' 강점을 가진 사람이 뭐부터 해야 할지 모른다면 시작부터 일을 그르칩니다. '조정' 강점을 가진 사람이 무슨 일이 얼마만큼 걸리는지 모른다면 실행할 수 없는 계획을 세웁니다. 지식과 기술이 없이는 강점을 발휘할 수 없습니다. 강점을 인지하는 것은 시작점일 뿐이고, 실제 성과를 내는 데는 강점을 개발하는 것이 중요합니다.

태니지먼트 휠에서 특정 강점이 크게 나타났다는 것은 여러분이 다른 강점을 개발하는 것보다 상대적으로 그 강점을 개발하는 것이 바람직하다는 의미입니다. 강점의 절대적인 크기가 다른 사람의 강점보다 크다는 뜻이 결코 아닙니다. 특정 분야에서 경험이 쌓인 사람의 네다섯 번째 강점이 같은 분야 신입사원의 첫 번째 강점보다 절대적 크기는 더 클 수 있습니다.

또한 여러분의 그래프가 특정 강점이 매우 뾰족하게 나타났다고 시험에서 특정 과목 점수가 높은 것처럼 좋아할 일이 아닙니다. 오히려 여러분은 다른 강점에 대한 잠재력이 부족하기 때문에, 해당 강점을 개발하는 데 남들보다 더 집중하고 노력해야 합니다. 그 강점이 아니라면 여러분은 탁월한 성과를 내며 일에서 만족감을 찾기가 어려울 테니까요.

제4장

재능_ 강점을 이루는 요소

욕구와 재능의 관계

신경회로는 어떻게 전기신호를 전달할까

앞서 우리는 재능이 두터운 미엘린 층으로 둘러싸인 신경회로라고 이야기했습니다. 이 신경회로에 전기신호가 들어오면 어떤 일이 발생하는지 조금 더 자세히 살펴봅시다. 우선 우리 뇌를 이루고 있는 뉴런이 어떻게 생겼는지 그림으로 알아봅시다.

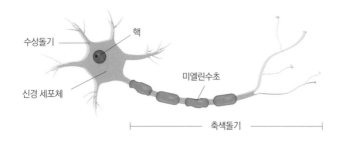

뉴런의 구조

　뉴런은 중심의 핵을 신경 세포체가 둘러싸고 있고, 두 가지 돌기
가 뻗어 나와 있습니다. 이 중에 짧은 수상돌기는 다른 뉴런으로부
터 전기신호를 받아들이는 역할을 합니다. 이렇게 전기신호를 받아
다시 축색돌기를 통해 다른 뉴런에 신호를 전달하는데, 이 축색돌기
를 둘러싸고 있는 것이 바로 미엘린입니다. 축색돌기는 긴 것은 1m
까지도 뻗어 나간다고 합니다. 따라서 전선의 피복처럼 미엘린으로
절연이 잘 되어 있으면 신호를 온전히 전달할 수 있고, 절연이 제대
로 안 되면 중간에 신호가 퍼져버리고 마는 것입니다.

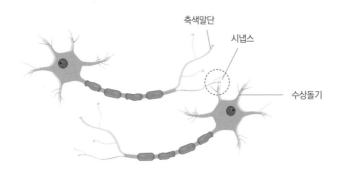

축색말단과 수상돌기 사이의 시냅스

뉴런의 전기신호는 축색돌기를 통해 지나가 축색말단에서 다른 뉴런의 수상돌기로 전해집니다. 그런데 축색말단과 수상돌기는 완전히 접촉해 있지 않습니다. 이 사이에는 약간의 틈이 있는데 이를 시냅스라 하며, 축색말단에서 나온 신경전달물질을 통해 수상돌기로 전기신호를 전달합니다.

시냅스에서 전기신호를 전달하는 신경전달물질

신경전달물질에는 수십 종이 있지만, 대표적으로 아세틸콜린·도파민·세로토닌·엔도르핀·에피네프린·노어에피네프린 등이 있습니다. 이러한 물질들은 행복, 불안, 흥분, 평안, 놀람, 분노 같은 다양한 감정들을 일으킵니다. 제대로 동작할 때는 우리에게 성취감과 만족감을 주고 적당한 긴장감이나 동기를 부여하지만, 균형이 깨질 경우 각종 중독이나 파킨슨병, 정신분열증 등의 원인이 되기도 합니다.

적은 에너지로 더 많은 전기신호를 전달한다는 것은 더 많은 신경전달물질을 방출시킨다는 뜻입니다. 어떤 회로인지에 따라 신경전달물질의 종류는 다르고 그에 따른 감정도 다르겠지만, 결국 두터운 미엘린으로 절연된 신경회로는 사용될 때마다 큰 감정적 반응을 가져오게 됩니다.

그래서 재능은 욕구drive와 동전의 양면 같은 개념입니다. 무언가에 재능이 있다면 단지 그 일을 '잘할' 뿐 아니라 그 일을 '하고 싶어' 합니다. 그 일을 할 때 긍정적인 감정을 일으키는 신경전달물질이 방출되기 때문입니다. 그래서 재능 있는 일을 할 때 마음이 평온해지고, 성취감을 느끼고, 몰입하게 됩니다.

계획을 세우는 재능이 있는 사람은 다른 사람들이 아이디어를 논의하고 있을 때 자연스럽게 실제 실행 계획을 떠올립니다. 계획을 세우고 싶은 욕구가 있기 때문입니다. 비교하고 싶은 사람은 같은 상황에서 여러 아이디어의 장단점을 분석합니다. 정보를 수집하고 싶은 사람은 아이디어만 이야기하기보다 다른 회사들은 어떻게 하고 있는지 검색을 제안합니다. 공감하고 싶은 사람은 어떤 아이디어로 결정했을 때 다른 아이디어를 낸 사람이 상처받지 않을까 걱정합니다. 다른 생각을 하다가도 자기 욕구와 연결되는 생각에 빠져들면 자연스럽게 그쪽으로 생각의 꼬리를 물게 됩니다. 비슷한 경험이 있다면, 그 생각이 바로 당신의 욕구이자 재능일 수 있습니다.

태니지먼트에서 정의하는 재능의 조건

재능이란, 나를 동기부여하고 움직이는 욕구에 기반한 특징이자 잠재력입니다. '욕구'라는 단어를 들으면 아마 '매슬로우의 5단계 욕구' 같은 게 떠오를 텐데, 이 둘은 조금 다릅니다. 태니지먼트가 말하는 욕구는 영어로 drive입니다. 나를 동기부여하고 움직이는 요소입니다. '동인'으로 번역하기도 합니다. 매슬로우가 말하는 욕구는 영어로 need입니다. 동인뿐 아니라 식욕·성욕·수면욕 등 더 다양한 범위를 포함합니다. 태니지먼트는 특히 비즈니스 성과의 바탕이 되며, 학습과 연습을 통해 개발 가능한 재능을 다음과 같이 정의하고 있습니다.

계획 · 고찰 · 공감 · 논리 · 달성 · 단순화 · 몰입 · 문제 발견

미래 예측 · 비교 · 사교 · 신중 · 양성 · 완벽 · 유연 · 전략

정보 수집 · 주도 · 중재 · 창의 · 친밀 · 표현 · 회고 · 행동

이제부터 24가지 재능에 대해 하나씩 살펴보겠습니다.

재능의 특징 정리 양식

핵심 키워드	재능과 관련된 주요 키워드
행동 특성	이 재능을 가진 사람들이 나타내는 행동
개발을 위한 질문	재능을 개발하기 위해 스스로에게 물어볼 질문
표현 문구	이 재능을 가진 사람을 표현해줄 수 있는 문구

개발 가능한 24가지 재능

계획plan "계획을 세우고 싶다"

계획 재능이 뛰어난 사람은 예측이 가능하고 계획된 일상을 좋아합니다. 또한 본능적으로 일상을 질서정연하게 계획하여 시간을 관리합니다. 그래서 정해진 일과, 스케줄, 구조 등으로 예측할 수 없는 미래의 상황을 통제하고 있다는 느낌을 받는 걸 좋아합니다.

계획 재능이 풍부한 사람은 직장에서 정해진 시간에 일을 마칠 수 있도록 계획을 세우고 이를 실행하기 때문에 생산성이 높고 마감 기한을 넘기지 않으며 성과를 냅니다. 또한 팀원들의 과업이나 목표를 계획적으로 관리하고 체계적이고 효율적인 조직문화를 만들어 생산성을 높이는 데 도움을 줄 수 있습니다.

계획 재능이 강한 만큼 조직에서도 위험을 줄일 수 있도록 계속해서 계획을 세우고 이를 실행하고자 합니다. 다만, 이때 주변 사람들이 융통성이 없거나 강압적이라고 느끼지 않도록 주의해야 합니다. 팀이 일하는 방식이나 다양한 프로세스에 대한 이해를 바탕으로 현재 조직의 프로세스를 만들어가면 팀의 생산성을 더욱 높일 수 있을 것입니다.

강점 발견

계획 재능의 특징

핵심 키워드	질서, 규칙, 프로세스, 조직적, 질서 정연, 마감 시간
행동 특성	절차와 계획을 세운다. 시간을 관리한다. 계획적이고 규칙적인 생활을 한다.
개발을 위한 질문	Q. 최근 당신이 만든 절차나 프로세스는 무엇입니까? Q. 체계적으로 일을 하기 위한 노하우는 무엇입니까?
표현 문구	계획적인 구조적인 예측 가능한 세심한 꼼꼼한 시기적절한 사전에 준비하는 정확한

고찰 재능이 강한 사람은 생각하기를 좋아합니다. 다양한 방향으로 사고를 확장하고 문제를 깊이 파고들어 본질을 파악할 때 즐거움을 느낍니다. 혹은 문제가 발생하지 않아도 사고를 확장하거나 생각에 잠기는 것 자체를 좋아합니다. 내적 성찰과 지적 토론을 즐기고 특히 자기성찰 및 자기발견의 시간을 좋아합니다. 또한 단지 생각하는 것을 넘어 아이디어를 발전시키거나 다른 사람의 감정을 이해하기 위해 깊게 생각할 수도 있습니다.

고찰 재능은 직장에서, 한 분야를 깊게 연구하여 난제를 해결함으로써 성과를 냅니다. 또한 현재 상황을 정확하게 진단하여 조직의 방향을 설정하는 데 도움을 줍니다.

다만 너무 혼자 깊이 생각한 탓에 이를 팀원들이 알지 못하면 무심하다는 오해를 살 수도 있으니 주의해야 합니다. 또한 너무 오래 생각하여 때때로 업무 진행을 더디게 할 수 있으니 속도에 대한 고려가 필요합니다. 중요한 문제가 발생했을 때, 충분한 시간을 확보해 생각하는 시간을 갖고 깊이 사고하는 훈련을 하면 더 좋은 의사결정을 할 수 있을 것입니다.

고찰 재능의 특징

핵심 키워드	사색, 생각, 고찰, 깊이, 내적 성찰, 토론
행동 특성	생각할 때 에너지를 얻는다. 내적 성찰과 지적 토론을 즐긴다. 근본적인 이론과 개념에 대해 생각한다.
개발을 위한 질문	Q. 최근 가장 깊이 고민하며 생각하고 있는 분야는 무엇입니까? Q. 당신이 고민한 생각의 깊이를 전달하기 위한 방법은 무엇입니까?
표현 문구	자기 성찰적인 혼자서 잘 지내는 지적인 철학적인 사색적인 생각에 잠기는 심사숙고하는 깊이 파고드는 성찰하는

공감empathy "공감하고 싶다"

공감 재능이 있는 사람은 타인의 상황이나 감정을 이해하고 싶어 합니다. 다른 사람들의 감정에 민감하고 그 감정을 자신의 것처럼 느낄 수 있기 때문에, 다른 사람들이 필요로 하는 것에 민감하게 반응하고 빠르게 제공해줄 수 있습니다. 또한 다른 사람의 감정을 잘 이해하고 위로해주어 상대로부터 신뢰를 얻습니다. 때로는 상대방이 말하지 않아도 쉽게 어떤 기분인지 알 수 있으며, 필요한 것을 미리 준비하는 등 배려해줍니다.

공감 재능은 직장에서 팀원의 필요나 고민을 해소해주면서 좋은 팀 분위기를 만들어냅니다. 그리고 고객의 니즈를 잘 파악해 제품이나 서비스의 품질을 올리기도 합니다. 다만, 사람이나 상황에 지나치게 감정을 이입하여 흥분하지 않도록 주의해야 합니다. 공감 재능이 뛰어난 사람은 다른 사람들의 심리에 대해 체계적으로 학습하면 빠르게 발전할 수 있고, 더 많은 사람을 도울 수 있습니다.

공감 재능의 특징

핵심 키워드	이해, 감정이입, 배려, 감정적
행동 특성	다른 사람의 감정을 이해한다. 상대방의 감정에 쉽게 이입한다. 고민하지 않아도 자연스럽게 다른 사람의 생각을 이해한다.
개발을 위한 질문	Q. 오늘 당신이 공감한 다른 사람의 감정은 무엇입니까? Q. 오늘 만나는 사람 중, 당신이 이해해줄 것과 요구해야 할 것은 어떤 것입니까?
표현 문구	경청하는 감성적인 세심한 알아차리는 비밀을 지켜주는 감각적인 감정에 이입하는 편안한 분위기를 만드는

논리logical "논리적인 근거를 찾고 싶다"

논리 재능을 가진 사람은 현상의 인과관계를 찾아내는 데 흥미를 느낍니다. 무언가를 주장하기 전에 반드시 원인과 결과의 관계를 명확하게 규명하는 것을 중요하게 생각합니다. 또 객관적이고 중립적인 자료를 바탕으로 판단하고 의사결정을 합니다. 복잡한 데이터에서도 패턴을 발견하거나 의미 있는 근거를 찾아낼 수 있습니다.

논리 재능이 높은 사람은 근거를 바탕으로 제안을 하며, 일이 진행될 때 데이터를 기반으로 객관적인 시각을 유지하고 합리적인 의사결정을 합니다. 때문에 직장에서 일의 정확도가 높다는 평가를 받으며 신뢰도도 높습니다.

다만, 지나치게 데이터에 의존하거나 때로는 다른 사람들에게 너무 엄격하고 논리적이어서 가까이하기 어려운 사람이 되지 않도록 주의해야 합니다. 논리 재능은 다양한 데이터를 다루고 데이터의 의미와 패턴을 분석하는 일을 많이 할수록 더욱 발전하여 보다 논리적인 사람으로 성장할 수 있습니다.

강점 발견

논리 재능의 특징

핵심 키워드	인과관계, 이유와 원인, 증명, 객관적, 논리적
행동 특성	원인과 결과를 생각한다. 근거가 있어야 신뢰한다. 데이터의 연관성을 생각한다.
개발을 위한 질문	Q. 최근 관심 있게 살펴보고 있는 자료나 통계는 무엇입니까? Q. 당신이 최근 분석한 정보들은 어떤 사람에게 도움을 줄 수 있습니까?
표현 문구	객관적인 숫자를 중시하는 데이터를 근거로 하는 회의적인 정확성을 중시하는 데이터를 뽑는 분석적인 논리적인

달성achieve "달성하고 싶다"

달성 재능은 성취감을 느끼고 싶다는 생각과 닿아 있습니다. 매일 매일 해야 할 일을 정하고, 그 목표를 달성하는 것에서 동기부여되지요. 달성 재능이 뛰어난 이들은 누군가 시키지 않아도 스스로 해야 할 목록을 정하고 달성하면서 만족감을 느낍니다. 또한 주인의식을 가지고 꾸준히 쉬지 않고 일합니다. 바쁜 것을 즐기며, 목표를 달성하면 휴식보다는 새로운 목표를 찾는 것을 더 좋아할 때가 많습니다.

직장에서 달성 재능은 반복적인 업무도 꾸준히 하는 성실함으로 이어지고, 많은 일들을 빠르게 완수해내도록 합니다. 그리고 세부 목표까지 디테일하게 관리하며 성과를 달성해내는 능력이 되기도 합니다.

다만, 자신이 할 수 없는 일까지 과중하게 수락하거나 너무 많은 목표로 인해 여유가 없는 워커홀릭이 되지 않도록 주의할 필요가 있습니다. 달성 재능이 있는 사람은 효과적으로 목표를 관리하는 도구나 프로세스를 발견하면 더 많은 목표를 달성할 수 있게 됩니다.

달성 재능의 특징

핵심 키워드	성취, 목표, 목록, 완수
행동 특성	목표를 달성하기 위해 목록을 만든다. 목표를 성취할 때, 동기부여된다. 임무 완수의 보상으로 휴식이 아닌 새로운 목표를 원한다.
개발을 위한 질문	Q. 만족스러운 하루가 되기 위해 오늘 달성해야 할 목표는 무엇입니까? Q. 해야 할 일을 미루지 않고 관리하는 당신의 노하우는 무엇입니까?
표현 문구	근면한 의욕이 넘치는 열정적인 사람 스스로 동기를 부여하는 생산적인 야심에 찬 독립적인 목표를 달성하는

단순화 simplify "단순하게 정리하고 싶다"

단순화 재능은 복잡한 상황을 단순하게 정리하고 싶어 하는 재능입니다. 이 재능이 뛰어난 사람은 여러 요소가 섞여 있는 상황에서도 다양한 요소들의 원래 위치와 의미를 생각할 수 있습니다. 특히 복잡한 이해관계나 요소들이 얽혀 있는 상황에서 상황과 의사결정을 단순화하는 능력을 발휘합니다. 또한 많은 요소를 함께 생각하고 관리하기 때문에, 여러 작업이 동시에 주어져도 하나하나 정리하면서 일을 수행할 수 있습니다.

단순화 재능을 지닌 사람은 직장에서 여러 가지 문제를 동시에 수행하거나, 복잡한 이해관계에서도 쉽게 협력하는 방법을 찾아냅니다. 리더 역할을 할 경우 다양한 자원과 팀원을 쉽게 관리할 수 있습니다.

다만, 정리되지 않는 상황을 억지로 정리하거나 정리를 위해 중요한 요소를 제거하는 오류를 범하지 않도록 주의해야 합니다. 자신만의 정리 도구를 찾거나, 정리의 원칙을 개발해간다면 더 많은 일을 관리하고 동시에 수행할 수 있게 될 것입니다.

단순화 재능의 특징

핵심 키워드	정리, 멀티플레이, 자원 관리, 단순화
행동 특성	복잡한 요소를 정리한다. 여러 가지 요소를 함께 생각한다. 다양한 요소들의 원래 위치와 의미를 생각한다.
개발을 위한 질문	Q. 당신이 현재 가장 고민하고 있는 것은, 어떤 요소들로 이루어져 　　있습니까? Q. 이 요소들을 시너지가 날 수 있게 가장 효율적으로 활용하는 방법은 　　무엇입니까?
표현 문구	단순화하는 상황을 조율하는 통제를 잘하는 여러 가지를 함께 생각하는 구성에 능한 복잡한 요소를 정리하는 효율적으로 관리하는

몰입focus "몰입하고 싶다"

몰입 재능은 말 그대로 중요한 일에 몰입하고 싶어 하는 것입니다. 몰입 재능이 있는 사람은 일이 많아도 우선순위를 찾아내고 거기에 에너지를 집중하는 데 탁월합니다. 이렇게 정한 우선순위는 일을 빠르게 해결하고 완수하는 데 도움이 됩니다. 몰입을 잘하는 사람은 중요하다고 생각하는 일에 에너지의 대부분을 사용하기 때문에 단기간에 큰 집중력을 발휘하기도 합니다. 또한 자신이 중요하다고 생각하는 일에 몰입하여 다른 목표에 눈을 돌리거나 목표에서 벗어나는 일이 거의 없습니다.

몰입 재능이 뛰어난 사람들은 직장에서 팀의 목표를 설정하거나 중요한 프로젝트를 추진할 때 집중력을 발휘하게 도움으로써 성과를 냅니다. 회의를 할 때도 회의 주제에서 벗어나지 않도록 집중력을 발휘합니다.

다만, 중요하지 않다고 생각하는 일에 관해서는 관심이 없고 기초 상식이 부족할 수 있음을 염두에 두어야 합니다. 중요한 일에 집중할 수 있는 환경과 덩어리로 시간을 확보하는 훈련을 하면 더 큰 집중력을 발휘할 수 있습니다.

몰입 재능의 특징

핵심 키워드	우선순위, 중요한 목표, 집중
행동 특성	주어진 일을 집중해서 처리한다. 중요한 우선순위를 정한다. 목표에서 벗어나지 않는다.
개발을 위한 질문	Q. 지금 집중해야 할 우선순위의 목표는 무엇입니까? Q. 중요한 일에 몰입하기 위해 중요하지 않은 일들을 처리하는 당신의 　　방법은 무엇입니까?
표현 문구	목표 지향적인 끈기 있는 의욕이 넘치는 전념하는 집중력 있는 몰입하는 우선순위가 있는 방향을 벗어나지 않는

문제 발견 재능은 문제점을 발견하고 진단하는 일에 흥미를 느끼는 것입니다. 이 재능을 지닌 사람은 장애물을 발견하고 이를 해결하는 일에 뛰어난 능력을 가지고 있으며, 이를 통해 기쁨을 느낍니다. 또한 겉으로 보이는 것 이면에 숨어 있는 것들에 호기심을 느끼며, 다른 사람들이 괜찮다고 여기는 상황에도 만족해하지 않고 내면에 있는 문제를 발견해 해결할 아이디어를 찾습니다.

문제 발견 재능이 있는 사람은 직장에서 다른 사람이 보지 못하는 문제를 발견하고 해결하는 해결사 역할을 수행함으로써 성과를 냅니다. 이러한 욕구는 자신과 조직이 현실에 안주하지 않고 더 나은 미래로 나아갈 수 있도록 이끌어줍니다.

하지만 모든 상황에서 문제를 찾는 자세는 지나치게 비판적이라고 평가될 수 있어 주의가 필요합니다. 또한 장점보다는 단점에 집중해 자신이나 조직의 사기를 떨어뜨릴 수 있으므로 현재 성과에 대한 진가를 인식하고 칭찬하는 노력도 요구됩니다. 다양한 프로젝트로 경험을 쌓고 문제해결 패턴을 만들어가면 해결사로서의 역량을 더 키울 수 있을 것입니다.

문제 발견 재능의 특징

핵심 키워드	문제 복구, 해결, 근본 원인 파악, 해결사
행동 특성	해결해야 할 문제를 발견할 때 만족감을 느낀다. 현재에 만족하지 않고 문제를 쉽게 발견한다. 프로젝트 단위로 일할 때 의욕이 넘친다.
개발을 위한 질문	Q. 당신이 최근에 해결하거나 개선하고 싶은 문제는 무엇입니까? Q. 문제를 해결하기 위해, 가장 먼저 실행할 수 있는 대안은 무엇입니까?
표현 문구	문제를 찾아내는 의욕이 넘치는 조사에 능한 즉각 반응하는 상황을 빠르게 판단하는 관찰력이 있는 통찰력이 있는 문제를 개선하는

미래 예측 futuristic "미래를 예측하고 싶다"

미래 예측 재능이 있는 사람은 미래를 상상하는 것을 매우 좋아합니다. 그리고 미래가 어떤 모습일지 자세하게 그려낼 수 있습니다. "만약 ~한다면 얼마나 좋을까?"를 생각하며 아이디어를 얻습니다. 현재 무엇을 얻을 수 있는지보다, 미래에 어떤 일이 일어나고 어떤 것을 할 것인가 생각하는 걸 즐깁니다. 늘 현실에 안주하지 않고 미래를 준비하며, 미래에 벌어질 일들을 위해 현재 무엇을 해야 할지 고민합니다.

직장에서 미래 예측 재능이 있는 사람은 더 나은 미래를 위한 비전을 제시하여 조직에 활력을 불어넣을 수 있습니다. 또한 미래 예측 재능이 뛰어난 사람이 생각하는 비전과 희망에 동료들이 집중하면 현재의 소소한 문제에 크게 동요하지 않게 되어 조직이 안정감을 찾을 수 있습니다.

다만, 뜬구름 잡는 소리를 하는 몽상가로 평가될 수 있으니, 생생하고 구체적으로 조직에 큰 그림을 그려주는 법을 연습해야 합니다.

　　　　　　　　　　　　　　　　　　　　　　　강점 발견

미래 예측 재능의 특징

핵심 키워드	예측, 몽상, 비전, 큰 그림
행동 특성	미래가 어떤 모습일지 자세히 예측한다. 현실에 안주하지 않고 미래를 상상한다. 미래를 위해 해야 할 일을 찾는다.
개발을 위한 질문	Q. 당신은 오늘 어떤 미래를 꿈꾸고 있습니까? Q. 당신은 다른 사람들에게 당신의 비전을 어떻게 전하고 있습니까?
표현 문구	미래 지향적인 영감을 주는 상상력이 풍부한 예상을 잘하는 직관력이 있는 현실에 안주하지 않는 미래를 대비하는 앞서가는

비교 재능은 계속해서 비교하기를 원하는 재능입니다. 서로 다른 사람이나 사물을 비교하여 공통점을 발견하거나 차이점을 발견하고, 비교를 통해 발견한 차이점을 더 높은 수준으로 끌어올리기를 원합니다. 이 재능을 지닌 사람은 자신의 성과도 다른 사람과 비교하여 측정하기 때문에 승부욕이 강합니다. 또 본인뿐 아니라, 비교를 거쳐 나온 결과로 다른 사람들에게 자극을 주거나 차이를 극복하고 싶은 동기를 주어 목표를 제공하기도 합니다.

직장에서 비교 재능이 있는 사람은 데이터를 비교·분석함으로써 성과를 냅니다. 그리고 비교 상대를 만들어내어 팀의 목표 수준을 빠르게 설정하고, 비교 우위를 차지하기 위한 경쟁 전략을 찾아내는 데 능숙합니다.

다만, 지나친 비교는 팀의 분위기를 오히려 저하시키거나 의욕을 상실시킬 수 있다는 것을 주의해야 합니다. 또한 절대적 성장보다 특정 상대에 대한 우위에 만족하지 않도록 해야 합니다. 비교 재능이 있다면, 적절한 비교 대상을 찾고 그와 선의의 경쟁을 통해 함께 성장하는 기회를 자주 접하여, 더 빠르게 성장하고 목표를 달성하면 좋습니다.

비교 재능의 특징

핵심 키워드	비교, 차별점, 우위, 경쟁
행동 특성	비교를 통해 공통점이나 차이점을 찾아낸다. 비교를 통해 우위에 서는 것을 좋아한다. 자신의 성과를 남들과 비교하여 측정한다.
개발을 위한 질문	Q. 당신이 무엇인가를 선택하기 위해 비교하는 특징이나 프레임은 무엇입니까? Q. 당신과 상대방 모두 원-원 할 수 있는 경쟁 방법은 무엇입니까?
표현 문구	비교하는 측정하는 선별적인 분석적인 냉철하게 판단하는 경쟁하는 차이점을 찾아내는 비교 우위를 차지하는 특징을 빠르게 찾아내는

사교social "넓게 사귀고 싶다"

사교 재능이 있는 사람은 다양한 사람들과 친구를 맺고 싶은 욕구를 가지고 있습니다. 새로운 사람을 만나는 것을 즐기며, 낯선 곳에 가기를 두려워하지 않습니다. 모든 사람들과 친구가 될 수 있다고 생각하기 때문에 넓은 인맥을 형성하고 있고, 그 인맥을 형성하는 중심 역할을 합니다. 다른 사람들에게 늘 관심이 많고, 대화에 쉽게 참여하며, 상대방에게 질문을 잘 던져 공감대를 형성합니다.

사교 재능이 있는 사람은 고객에게 자연스럽게 다가가고 쉽게 관계를 형성해 제품과 서비스를 이용할 수 있도록 돕는 데 도움이 됩니다. 또한 다양한 인맥을 활용해 어려운 문제를 쉽게 해결하기도 합니다.

다만, 관계의 깊이가 너무 얕아 피상적인 관계가 되지 않도록 주의해야 합니다. 새로운 만남을 위한 모임을 많이 만들고 참여할수록 더 강력한 인맥의 힘을 키울 수 있습니다.

사교 재능의 특징

핵심 키워드	다양한 친구, 네트워크, 새로운 만남, 인맥
행동 특성	다양하고 새로운 사람을 만난다. 새로운 사람을 만나는 것을 즐긴다. 모임에서 주도권을 가지고 분위기를 이끌어간다.
개발을 위한 질문	Q. 당신이 새로운 사람을 만나기 위해 가야 하는 곳은 어디입니까? Q. 많은 친구들과 관계를 유지하기 위해 당신이 노력할 것은 무엇입니까?
표현 문구	매력적인 사회성이 강한 영향력 있는 외향적인 분위기를 만드는 남과 어울리기 좋아하는 마음을 끄는 사교 활동이 왕성한 다양한 사람을 만나는

신중deliberate "신중하게 고려하고 싶다"

　신중 재능이 있는 사람은 행동하기 전에 먼저 위험 요소를 생각합니다. 이 일을 하면 어떤 문제가 발생할지 깊이 생각하고, 섣불리 행동하지 않으며, 거듭 점검하여 신중하게 접근합니다. 때문에 말하기 전에 먼저 듣고 생각할 시간이 충분히 필요합니다. 신중 재능이 뛰어난 사람들은 행동하기 위해서 조금의 시간이 필요하지만, 일단 행동하기로 결정하면 동료들은 그의 결정을 전적으로 신뢰합니다.

　신중 재능이 있는 사람은 직장에서 일을 진행하기 전, 미리 장애물을 예상해 문제를 줄이고 예방할 수 있는 방법을 찾아내어 팀의 의사결정을 돕습니다. 항상 신중하게 모든 요소를 고려하여 의사결정하기 때문에 신뢰도가 높습니다.

　다만, 너무 신중을 기한 나머지 의사결정에 소요되는 시간이 길어져 이미 준비가 끝난 동료들을 기다리게 할 수 있으니 주의하기 바랍니다. 신중함이 비관적 또는 망설임이나 두려움으로 오해받지 않도록, 심사숙고하고 있는 내용을 주위 사람들에게 설명한다면 더 많은 의사결정의 기회를 갖게 될 것입니다.

신중 재능의 특징

핵심 키워드	리스크 관리, 신중, 철저, 위험 요소
행동 특성	위험 요소를 생각하고 신중하게 행동한다. 충분한 시간을 두고 의사결정을 내린다. 다음 행동을 취하기 전에 거듭 점검한다.
개발을 위한 질문	Q. 오늘 올바른 의사결정을 위해 꼭 고려해야 할 요소들은 무엇입니까? Q. 다른 사람들이 의사결정을 할 때, 당신이 도와줄 수 있는 것은 무엇입니까?
표현 문구	주의 깊은 신중한 보수적인 사려 깊은 진지한 비밀을 지키는 방심하지 않는 위험을 무릅쓰지 않는 천천히 전진하는

양성 재능이 있는 사람은 다른 사람들의 성장을 도울 때 만족감을 느낍니다. 다른 사람의 잠재력을 발견하고 돕는 것에 관심이 많고, 이를 통해 관계를 형성하고 영향력을 발휘합니다. 양성 재능이 뛰어나면 다른 사람들의 잠재력을 발견하고, 그 잠재력을 개발해주기 위해 어떤 과제가 필요한지 쉽게 찾아낼 수 있습니다. 그리고 다른 사람의 현재의 모습보다 성장한 모습을 생각하기 때문에 능력이 부족해도 진득하게 기다려줍니다.

양성 재능이 있는 사람은 직장에서 다른 사람들을 성장시키는 역할을 맡거나, 팀원들의 성장을 통해 팀의 역량을 키우는 일을 할 때 만족감을 얻고 성과를 낼 수 있습니다.

다만, 다른 사람의 성장을 기다려준다는 이유로 현재의 성과에 관심이 적어지지 않도록 주의해야 합니다. 다른 사람을 도와줄 수 있는 도구나 지식을 습득하면 더욱 동기가 부여되고 더 많은 사람들을 도울 수 있습니다.

양성 재능의 특징

핵심 키워드	영향력, 잠재력, 도전 과제, 성장
행동 특성	다른 사람들의 잠재력을 발견한다. 다른 사람들의 성장을 돕는 방법을 찾는다. 다른 사람의 성장한 모습을 상상할 때 만족감을 느낀다.
개발을 위한 질문	Q. 당신이 현재 돕고 있는 사람은 누구입니까? Q. 당신 스스로 성장하기 위해 노력하는 것은 무엇입니까?
표현 문구	기다려주는 직관력 있는 격려를 잘하는 시간과 노력을 투자하는 타인 지향적인 관찰력 있는 성장을 중시하는 다른 사람을 도와주는

완벽perfect "완벽하게 하고 싶다"

완벽 재능이 있는 사람은 최고의 결과물을 얻고 싶어 합니다. 다른 사람들이 칭찬하고 만족해도 스스로 만족할 만한 결과물이 나오지 않으면 절대 타협하지 않고 계속해서 더 좋은 결과물을 추구합니다. 완벽 재능이 있다면 뭘 시도해도 대충이라는 것이 없습니다. 그래서 높은 기준으로 완벽한 결과물을 만들어내려는 에너지가 있습니다.

완벽 재능이 있는 사람은 직장에서 항상 주어진 일을 완벽하고 집요하게 처리합니다. 특히 제품이나 서비스의 품질을 관리하고 더 좋은 서비스를 만들기 위해 끊임없이 노력하고, 디테일한 부분까지 꼼꼼하게 점검합니다.

다만, 빠르게 일이 진행되어야 할 때도 스스로 만족하기 위해 에너지를 낭비하기 쉬우니 주의해야 합니다. 최고 수준의 모범 사례를 연구하거나 최고의 스승을 만날 기회를 가진다면, 더 완벽한 결과물을 자주 만들어낼 수 있게 될 것입니다.

강점 발견

완벽 재능의 특징

핵심 키워드	최고 수준, 하이퀄리티, 집요함, 완벽
행동 특성	최선보다는 최상의 결과물을 추구한다. 스스로 만족할 때까지 반복한다. 집요하게 물고 늘어진다.
개발을 위한 질문	Q. 당신이 하고 있는 일 중 더 잘하고 싶은 것은 무엇입니까? Q. 더 잘하고 싶은 당신의 욕구는 당신과 팀에 어떤 유익함을 주고 있습니까?
표현 문구	만족하지 않는 품질을 중시하는 결과를 중시하는 탁월함을 의식하는 꼼꼼하게 점검하는 스스로 기준이 높은 집요한 끝까지 행동하는

유연 재능은 변화하는 상황을 즐기게 합니다. 그래서 유연 재능이 특화된 사람은 계획되지 않은 상황이 발생해도 그 상황에 맞게 유동적으로 대처합니다. 미래는 언제나 변할 수 있는 것이라 생각하기 때문에 예상치 못한 상황에 당황하거나 화내지도 않습니다. 계획이 없는 것이 아니라, 계획에 집착하지 않고 변화하는 환경에 맞추어 대응하는 것을 더욱 선호하는 것입니다. 유연 재능이 뛰어나면 상황에 순발력 있게 반응하고 적절한 대응을 할 수 있습니다.

유연 재능이 있는 사람은 직장에서도 어떤 팀에 투입되든 빠르게 적응하여 성과를 냅니다. 갑작스러운 요청이나 변경에도 침착하게 대처하고, 오히려 변화가 많은 환경일수록 신속히 일을 처리해 위기 대처 능력이 우수하다고 평가받습니다.

그러나 너무 일을 다급하게 처리하면 다른 사람이 나의 행동을 예측할 수 없어 불안해할 수 있다는 점을 알아야 합니다. 환경 변화가 잦은 일에 대응하는 경험을 쌓으면, 유연 재능이 가진 순발력은 더욱 빛을 발할 것입니다.

유연 재능의 특징

핵심 키워드	적응, 유연성, 대처, 침착, 융통성
행동 특성	상황에 맞게 행동하고 흐름에 적응한다. 상황의 변화를 즐긴다. 계획하지 않은 상황에도 빠르게 대응한다.
개발을 위한 질문	Q. 당신은 변화에 대응할 때 어떤 감정을 느낍니까? Q. 당신이 변화에 빠르게 반응할 수 있는 환경은 어디입니까?
표현 문구	유연한 즉각 반응하는 여유를 즐기는 현재에 집중한 순간에 충실한 즉흥적인 변화에 잘 대응하는 융통성 있는

전략strategic "최선의 대안을 선택하고 싶다"

전략 재능은 무엇을 하든 효과적으로 생각하고 행동하길 원하는 것입니다. 이 재능을 가지면 최선의 대안을 찾기 위해서 다양한 길과 다양한 방법을 찾습니다. 길은 하나만 있는 것이 아니라 다양하다고 생각하며, 효과적이고 생산적으로 행동하기 위해서 무엇을 해야 하는지 직관적으로 알 수 있습니다. 최적으로 보이는 안이 있을 때도 만일을 위한 차선책을 준비해놓기 때문에 사람들로부터 전략적이라는 평가를 받습니다.

전략 재능이 있는 사람은 직장에서 현재 상황에 필요한 효과적인 전략을 제시함으로써 의사결정을 돕고 성과를 창출하는 데 도움이 됩니다.

다만, 다른 사람의 비효율적인 행동을 보고 참기 어려울 수 있어 주의가 필요합니다. 또한 여러 대안을 혼자 머릿속으로 고민하고 결정을 내려, 다른 사람들에겐 성급히 결정을 내린 것처럼 보일 수 있습니다. 따라서 전략 재능이 뛰어나다면 다양한 방법을 이미 고려했다는 것을 팀원들에게 알려야 더 많은 사람을 도울 수 있습니다.

전략 재능의 특징

핵심 키워드	효과적 선택, 전략적, 시나리오, 대안
행동 특성	효과적인 방법을 찾는다. 다양한 길을 예상하고 최선의 길을 찾는다. 빠른 속도로 다양한 시나리오를 생각한다.
개발을 위한 질문	Q. 당신의 목표를 달성하기 위해 선택할 수 있는 방법과 대안에는 어떤 것이 있습니까? Q. 목표 달성을 위해 포기해야 할 것은 무엇입니까?
표현 문구	효과적인 대안을 찾아내는 직관적인 예상을 잘하는 선별적인 다양한 생각을 많이 하는 통찰력 있는 전략적인 다양한 방법을 찾아내는

정보 수집 재능이 있으면 정보를 탐색하고 수집할 때 기쁨을 느낍니다. 다양한 정보 또는 물건을 접할 때 흥미를 느끼고, 이를 통해 새로운 지식과 정보를 축적합니다. 이러한 자료들은 언젠가 반드시 크게 쓰일 것이라 믿고 있기 때문에 버리기를 꺼리지요. 정보 수집 재능이 탁월한 사람들은 수집된 정보를 통해 상식을 넓히고, 이를 바탕으로 다양한 문제를 풀어낼 수 있는 가능성을 가지고 있습니다.

정보 수집 재능이 있는 사람은 직장에서 일을 처리하기 위한 다양한 정보들을 빠르게 모으고, 이를 바탕으로 문제를 합리적으로 풀어갑니다. 그리고 다양한 정보를 동료들에게 시기적절하게 제공함으로써 일을 진척시키고 성과를 냅니다.

다만, 정보가 체계적으로 정리되어 있지 않다면 좋은 자료도 활용하기 어려울 수 있습니다. 공신력 있는 자료를 체계적으로 정리하는 습관을 들인다면, 수집한 자료를 더욱더 가치 있게 활용할 수 있을 것입니다.

정보 수집 재능의 특징

핵심 키워드	정보, 호기심, 수집, 상식
행동 특성	다양한 정보를 수집한다. 정보를 모을 때 기쁨을 느낀다. 새로운 사실에 흥미를 느낀다.
개발을 위한 질문	Q. 당신이 정보를 수집하고 있는 방법은 무엇입니까? Q. 획득한 정보를 관리하고 상황에 맞게 사용하기 위해 어떤 방법을 　사용하고 있습니까?
표현 문구	박식한 지략이 풍부한 수집을 즐기는 탐구심이 많은 유용성을 의식한 정보에 관대한 모든 것에 정통한 조사에 능한 상식이 풍부한

주도 재능이 뛰어난 사람은 다른 사람들을 이끌어갈 때 즐거움을 느낍니다. 어떤 상황과 위치에 있더라도 사람들을 이끌어가는 역할을 하고 싶어 하지요. 함께하는 사람들이 각자 무엇을 해야 하는지 찾아주고, 그것을 해달라고 솔직하게 요구합니다. 그래서 주도 재능이 있는 사람이 팀에서 목표를 이뤄내는 구심점 역할을 하며, 자연스럽게 사람들을 움직이고 이끄는 리더의 역할을 자주 합니다.

주도 재능이 있는 사람은 직장에서 과업을 분배하고 프로젝트를 이끄는 역할을 할 때 크게 활약할 수 있습니다. 심지어 관리자가 아닌 팀원일 때에도 이런 모습을 보이기도 합니다.

다만, 다른 사람들의 상황이나 감정을 고려하지 않는 고집스러운 태도는 주의해야 합니다. 프로젝트 단위의 팀으로 일하는 경험을 쌓고, 팀원에게 효과적으로 요구 사항을 전달하고 소통하는 방법을 훈련하면 주도 재능은 더 빛을 발할 수 있습니다.

주도 재능의 특징

핵심 키워드	이끎, 요구, 결단력, 단도직입, 분명한 태도
행동 특성	다른 사람들을 적극적으로 이끈다. 다른 사람에게 솔직하게 요구한다. 자신의 입장을 분명하게 표명한다.
개발을 위한 질문	Q. 당신에게 누군가를 이끈다는 것은 어떤 의미입니까? Q. 당신이 다른 사람을 동기부여하는 방법은 무엇입니까?
표현 문구	결단력 있는 명확하게 의사를 말하는 의욕이 넘치는 설득력 있는 도전적인 원칙에 단호한 통제를 잘하는 자기 신념이 있는 확고한

중재harmony "중재하고 싶다"

중재 재능이 있는 사람은 갈등이 발생하는 것을 방지하고 싶어 합니다. 또한 팀의 협력적인 분위기를 만드는 중재자의 역할을 하면서 영향력을 발휘합니다. 늘 갈등의 요소를 제거할 수 있는 방법을 끊임없이 찾아내고, 부드러운 팀 분위기를 만들어냅니다. 만약 갈등이 발생하면, 문제를 해결하기 위해서 주도적으로 나서기도 하죠.

중재 재능을 지닌 사람은 직장에서 부드러운 팀 분위기를 만들고, 부서 간 협력적인 조직문화를 만들 때 중요한 역할을 수행할 수 있습니다.

그러나 문제를 근본적으로 해결하지 않고 피하거나 섣불리 임시방편을 선택하지 않도록 주의할 필요가 있습니다. 특히 부정적 피드백을 너무 아낀다면 오히려 팀원의 성장에 악영향을 미칠 수도 있습니다. 다양한 사람들의 입장을 이해하고 경청하는 훈련을 하면 더 많은 사람들을 도울 수 있는 재능입니다.

강점 발견

중재 재능의 특징

핵심 키워드	갈등 해소, 합의점, 중재, 협력적인
행동 특성	갈등을 해소하는 방법을 찾는다. 논쟁을 피하는 방법을 택한다. 여러 의견의 합의점을 찾는다.
개발을 위한 질문	Q. 당신은 동료들의 갈등이 느껴질 때 어떻게 합니까? Q. 당신은 갈등을 겪는 동료들의 문제를 조율하기 위해 어떤 도움을 　　주고 있습니까?
표현 문구	갈등을 줄여주는 현실적인 협력적인 쉽게 동의해주는 합의점을 찾는 논쟁을 피하는 중재하는 이해관계를 조율하는

창의ideate "새롭게 생각하고 싶다"

창의 재능이 높다면 새로운 생각을 하는 것에 매료됩니다. 새로운 아이디어를 창조하는 데 뛰어나고, 언뜻 보기에 전혀 상관없어 보이는 정보들 사이에서 연관성을 찾아낼 때 희열을 느낍니다. 또한 새로운 각도에서 문제나 사물을 바라보는 것을 즐기며 새로운 패러다임을 제안하고 싶어 합니다. 따라서 창의 재능이 뛰어난 사람은 반복적인 업무를 할 때도 새로운 방법으로 해결하려고 시도합니다. 이러한 아이디어는 다른 사람들에게 영감을 주거나 다른 사람들의 문제를 쉽게 해결해주기도 합니다.

창의 재능이 있는 사람은 직장에서 발생하는 문제를 다양한 관점에서 바라봄으로써 새로운 해결법을 제시하고 새로운 비즈니스의 기회를 찾아냅니다. 그리고 팀원들의 영감을 자극하고 문제를 해결하는 새로운 단서들을 계속해서 제공합니다.

하지만 새로운 아이디어에 매료되어 기존의 일을 끝까지 마무리하는 실행력이 부족할 수 있습니다. 창의 재능은 많은 정보를 습득하고 조합하는 훈련을 통해 더 구체적이고 현실적인 탁월한 아이디어를 제안하는 데까지 나아갈 수 있습니다.

창의 재능의 특징

핵심 키워드	새로움, 창의성, 콘셉트, 패러다임, 참신함
행동 특성	새로운 것을 떠올리기 좋아한다. 새로운 것에 매료된다. 문제를 여러 관점에서 바라본다.
개발을 위한 질문	Q. 당신은 오늘 어떤 아이디어에 흥미를 느끼고 있습니까? Q. 새로운 아이디어를 위해 다양한 정보를 쌓는 당신만의 방법은 　무엇입니까?
표현 문구	창의적인 혁신적인 참신한 통찰력 있는 틀에서 벗어난 활기를 주는 아이디어를 제공하는 정보를 연결하는

친밀intimacy *"깊게 사귀고 싶다"*

친밀 재능은 주변의 사람들과 더 특별한 관계를 맺고 싶어 하는 것입니다. 이 재능이 높은 사람은 이미 알고 있는 사람에게 더 강하게 끌리며, 이들과 깊은 신뢰 관계 또는 우정을 만들어가고자 합니다. 이런 관계는 서로에게 의미 있는 좋은 영향력을 행사하고, 오랫동안 유지됩니다. 또한 강력한 유대관계를 형성하기 때문에 잘 깨지지 않고, 서로 무엇이든 해줄 수 있는 중요한 관계가 됩니다.

친밀 재능이 있는 사람은 직장에서 특별한 관계를 통해 친밀한 팀워크를 만드는 힘이 되고, 지속적으로 서비스를 이용하는 단골고객을 만들게 합니다.

단, 친밀한 관계를 유지하는 범위가 너무 좁아져 소외감을 느끼는 사람이 생기지 않도록 주의하세요. 당신이 친밀하다고 느끼는 범위를 벗어난 사람에게도 어느 정도의 관심과 신뢰감을 줄 수 있어야 합니다. 다른 사람들과의 강력한 유대관계를 중심으로 삶을 계획하고, 관계를 깊게 만들기 위해 노력한다면 좋은 동료들과 지지자들이 더 많아질 것입니다.

강점 발견

친밀 재능의 특징

핵심 키워드	특별한 친구, 신뢰, 친밀함, 깊은 관계
행동 특성	다른 사람들과 깊은 관계를 맺는다. 이미 알고 있는 사람에게 더 끌린다. 가까운 사람과 깊은 대화를 나눈다.
개발을 위한 질문	Q. 당신이 믿고 의지할 수 있는 동료들은 누구입니까? Q. 이 사람들과 더 친밀한 관계를 맺기 위해 노력하고 있는 것은 무엇입니까?
표현 문구	친절한 배려심 있는 진정성 있는 친밀한 진실된 투명한 자신을 깊이 드러내는 영향력을 행사하는 사람을 좋아하는

표현express "표현하고 싶다"

표현 재능은 자신의 생각이나 감정을 표현하고 싶은 욕구와 연관되어 있습니다. 말을 통해 다른 사람들과 관계를 구축하고, 다른 사람들에게 영향력을 발휘하는 일입니다. 이 재능은 다른 사람들에게 자신의 생각을 인식시키는 데 도움을 줍니다. 타인에게 다양한 영감을 불어넣기도 하고, 자신의 생각과 감정을 정확하게 전달하기도 합니다. 심지어 다른 사람들이 그들의 생각과 감정을 표현하는 것을 돕기도 합니다. 표현 재능이 뛰어난 사람은 말이나 표현을 하면서 생각이 정리되며 이 일로부터 에너지를 얻습니다.

표현 재능이 탁월하면 상황을 생생하게 묘사하고 전달하는 데 능숙하기 때문에, 제품이나 서비스를 설명하거나 다른 사람들을 설득하는 상황에서 활약할 수 있습니다.

하지만 불필요한 말을 많이 하거나 정리되지 않은 생각을 말하는 것에는 주의가 필요합니다. 인상적인 표현이나 단어를 많이 듣고 기억하여 영감을 얻으면 표현 재능이 더욱 개발될 수 있습니다.

표현 재능의 특징

핵심 키워드	표현, 이미지, 은유, 사례
행동 특성	자신의 생각이나 감정을 쉽게 표현한다. 표현하면서 생각을 정리한다. 상황이나 감정을 생생하게 묘사할 수 있다.
개발을 위한 질문	Q. 당신이 오늘 표현하고 싶은 생각이나 주장은 무엇입니까? Q. 당신이 표현하는 것과 듣는 것의 비율은 얼마나 됩니까?
표현 문구	발표를 잘하는 모임을 주도하는 언어 능력이 있는 재미있는 의사소통에 능한 비유로 표현하는 표현력이 뛰어난 생각을 표현하는 생생하게 묘사하는

회고 재능이 뛰어난 사람은 과거를 돌아보는 것을 즐깁니다. 그들에게 과거는 지나온 시간 이상의 의미를 가집니다. 지난날을 돌아보고 성찰하여 현재를 이해하고, 나아가 미래 사건을 예측하는 중요한 수단으로 사용하기 때문입니다. 과거와 현재를 연결하는 변화의 흐름과 맥락을 파악하여 그 연장선상에서 미래를 유추합니다. 이들은 스스로 무엇을 해왔고 무엇을 얻었는지 끊임없이 묻는 과정에서 피드백과 개선점을 찾아 성장하고 발전합니다.

회고 재능이 있는 사람은 정확한 기억과 과거 자료의 맥락에서 해결책을 찾습니다. 또 같은 실수를 반복하지 않도록 미래를 준비합니다.

이때, 과거와 현재의 연결고리를 찾는 것에만 집중해 과거와 다른 새로운 패턴이 만들어지는 것을 놓쳐서는 안 됩니다. 과거 프로젝트를 연구하거나 성공 사례를 연구함으로써 문제해결 능력을 더욱 키울 수 있습니다.

회고 재능의 특징

핵심 키워드	성찰, 피드백, 회상, 역사적 교훈
행동 특성	과거를 통해 교훈을 얻는다. 과거에 대한 성찰을 통해서 현재를 이해한다. 과거 상황과 현재 상황 간의 연결고리를 찾는다.
개발을 위한 질문	Q. 당신의 과거 경험 중 오늘의 고민에 적용할 수 있는 사건은 무엇입니까? Q. 과거의 패턴을 관리하는 당신의 노하우는 무엇입니까?
표현 문구	과거 지향적인 학구적인 문맥을 파악하는 연결고리를 찾는 과거를 이해하는 과거를 돌아보는 피드백을 하는 교훈을 얻는 역사적 가치를 이해하는

행동 재능이 높게 나타난 사람은 해야 할 일을 주저하지 않고 바로 하고 싶어 합니다. 말보다 행동이 빠르고, 결정이 내려지면 바로 행동에 돌입하지요. 항상 해야 할 일을 추진하는 데 앞장섭니다. 그래서 주저하거나 염려하는 것은 실질적인 것이라고 생각하지 않으며, 오직 행동만이 실질적인 것이라고 생각합니다. 이러한 행동력은 주저하고 있는 주변 사람들에게 영향을 주어 동료를 움직이는 원동력이 됩니다.

직장에서 일을 추진하기 위해 동에 번쩍 서에 번쩍 쉬지 않고 현장을 뛰어다니는 사람은 보통 행동 재능이 뛰어난 사람들입니다. 팀의 리더들은 그들의 행동력을 높게 평가해 행동대장으로서 신뢰하고 일을 맡깁니다.

하지만 신중함이 부족해 실수가 자주 발생하는 것을 주의해야 합니다. 또한 다른 사람이 생각하는 동안 기다려주는 태도가 필요합니다. 자신의 행동으로 인해 발생할 수 있는 위험성을 미리 생각해보는 훈련을 하거나, 행동에 사고와 전략을 더해줄 사람들과 함께하면 더 큰 추진력을 발휘할 수 있는 재능입니다.

강점 발견

행동 재능의 특징

핵심 키워드	행동, 빠른 의사결정, 추진력, 에너지
행동 특성	말보다 행동을 먼저 한다. 결정이 내려지면 바로 행동으로 돌입한다. 오직 행동만이 실질적인 것이라고 생각한다.
개발을 위한 질문	Q. 당신을 행동하게 하는 동기 요소는 어떤 것이 있습니까? Q. 다른 사람들이 당신의 행동을 따라오도록 어떻게 도와줄 수 있습니까?
표현 문구	추진력 있는 행동 지향적인 촉매제 역할을 하는 행동이 빠른 역동적인 빠르게 돌입하는 실행력 있는 결과물을 만들어내는 열정적인

앞서 강점과 재능에 대해 설명하면서 '표현 문구'를 함께 알려드렸습니다. 재능에 대한 문구는 형용사나 부사 형태이고, 강점에 대한 문구는 '~한 사람' 형태입니다.

태니지먼트 진단을 받으면 여러분의 가장 높은 강점 두 가지와 재능 여섯 가지를 알려드립니다. 이 강점과 재능에 대한 표현을 보면서, 가장 와닿는 문구를 한번 선택해보세요. 이 표현과 문구들을 조합하면 여러분만의 한 문장을 만들 수 있습니다.

- 미래지향적이며(미래 예측) 창의적인 사람(창조)
- 구조적으로(계획) 문제를 진단하고 해석하는 사람(평가)
- 추진력이 있으며(행동) 준비되어 있는 사람(추진)
- 모임을 주도하며(표현) 격려를 잘하는 사람(동기부여)
- 깊이 파고들며(고찰) 일을 잘 조율하는 사람(조정)

꼭 주어진 재능·강점 표현 문구를 사용할 필요는 없습니다. 이 문구들을 참고해 나를 더 잘 표현하는 문장을 새로 만들어도 좋습니다. 혹은 한 문장으로 나의 모든 면을 표현하지 못한다는 생각이 든다면 두세 문장을 더 만들어도 좋습니다.

진단 결과로 두 가지 강점과 여섯 가지 재능을 알 수 있지만, 강점과 재능에 대한 여러 설명보다 이렇게 만든 한 문장이 여러분을 더 직관적으로 나타내줄 수 있습니다. 참고로, 저는 전략기획부터 마케팅·지식경영·데이터분석 등 다양한 직무를 거쳐왔는데, '구조적으로 문제를 진단하고 해석하는 사람'이라는 문장이 제 커리어를 꿰뚫는 핵심 콘셉트라고 생각합니다.

지금 만든 문장은 지금의 나를 표현해주기도 하지만 나의 과거를 설명해주기도 하고, 나의 미래 방향성을 제시해주기도 합니다. 꼭 이 문장을 여러분의 강점과 함께 적어 잘 보이는 곳에 붙여두고, 어떤 삶을 살아야 가장 행복하고 몰입할 수 있는지 자주 고민해보기 바랍니다.

제5장

태도 _ 강점이 발현되는 통로

태도의 중요성

강점, 긍정적 발현과 부정적 발현

강점은 비즈니스에서 성과를 내는 데 쓰여야 합니다. 하지만 팀에서 어떻게 발현되느냐에 따라 오히려 성과에 악영향을 미치는 경우도 있습니다. 앞서 강점을 설명하면서 '긍정적 발현'과 '부정적 발현'을 같이 설명했습니다. '추진' 강점의 긍정적 발현과 부정적 발현을 예로 들어, 이를 좀 더 깊게 생각해보겠습니다.

긍정적 발현

· 다른 사람이 시키지 않아도 일을 주도적으로 찾아내 진행한다.

- 조직이 변화하거나 중요한 사업을 추진할 때 에너지를 가져다준다.
- 모두가 하기 싫은 일도 주저하지 않고 긍정적으로 생각하고 행동함으로써 다른 사람들을 동기부여하고, 조직을 이끌어나간다.
- 확실하지 않은 길을 용기 있게 선택하고 길을 개척하여 아무도 시도하지 않은 새로운 기회를 만들어낸다.

부정적 발현

- 다른 사람들이 준비되어 있지 않은 상황인데도 기다려주지 않고 혼자 치고 나간다. 그러고서 나중에 도와주지 않는다고 불평한다.
- 지난 행동을 되짚어 피드백하거나 교훈을 얻지 않고, 똑같은 상황이 오면 생각 없이 행동한다. 그래서 대책 없는 리더로 오해받는다.
- 다른 사람들이 하고 있는 일을 배려하지 않고 자기 일에만 우선순위를 두고 일을 주도한다. 이로 인해 자신은 성과를 내지만 팀은 성과가 줄어들게 된다.

같은 강점이라도 어떤 태도와 함께 발현되느냐에 따라 팀에 긍정적인 영향을 미칠 수도 있고, 오히려 부정적인 영향을 미칠 수도 있습니다. 태니지먼트에서는 태도를 성과의 기반이 될 수는 없으나 비즈니스에서 반드시 요구되는 부분으로, 강점에 직간접적인 영향을 미치는 기본 소양이라 정의합니다. 태도가 강점을 더욱 강화하기도 하고 무력화하기도 하기 때문에, 강점을 개발하는 것만큼 태도를 관리하는 것 역시 중요합니다.

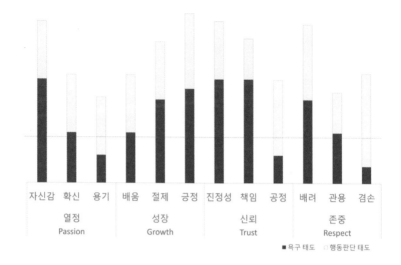

자신감	확신	용기	배움	절제	긍정	진정성	책임	공정	배려	관용	겸손
	열정			성장			신뢰			존중	
	Passion			Growth			Trust			Respect	

■ 욕구 태도   □ 행동판단 태도

12가지 태도 그래프

태니지먼트에서는 태도를 12개의 막대그래프로 표현합니다. 그래
프들을 가로지르는 빨간 점선이 바로 '과락선'입니다. 과락은 다른
영역의 수치가 높더라도, 하나라도 과락에 미달되는 영역이 있으면
문제가 생길 수 있음을 의미합니다. 평균은 어떤 영역이 낮아도 다
른 영역이 높으면 올릴 수 있지만, 과락이 있다면 이야기가 달라집
니다. 과락을 넘기는 것이 우선입니다.

태도는 비즈니스에서 반드시 요구되지만, 특정 태도가 매우 높다
고 해서 그걸로 탁월한 성과를 내기는 어렵습니다. 다른 성격진단
검사에서는 강점과 태도를 섞어서 제시하는 경우가 많습니다. 그래
서 약점을 보완하기보다 강점 개발에 집중하라는 말을 받아들이기

가 어려운 것입니다. 예를 들어, 제 아내는 어떤 성격진단에서 강점이 '긍정'으로 나왔습니다. 하지만 긍정을 개발한다는 것도 무슨 뜻인지 와닿지 않고, 강한 긍정으로 비즈니스 성과를 내는 모습도 잘 떠오르지 않습니다. 긍정은 태도이기 때문입니다.

반대로 태도상의 약점을 두고 자기 강점이 아니니 신경 쓰지 않겠다는 사람도 문제가 됩니다. 자기 강점 중에 '책임'이 없으니 다른 강점에 집중할 수 있도록 자신의 무책임함을 이해해달라는 팀원이 있다면 어떨까요? 얼마 지나지 않아 팀원들 사이에서 불신의 문제가 생길 것입니다.

그러므로 강점은 강한 영역을 개발해야 하고, 태도는 약한 영역을 보완해야 합니다.

강점보다 민감한 태도

누차 말씀드렸듯, 자신이 가진 강점에만 집중하고 부족한 강점을 보완하는 데 너무 노력을 쏟지 말라고 했습니다. 반면 태도는 과락선이 존재하기 때문에 부족한 영역을 보완해야 한다고 했지요.

실제로 워크숍이나 코칭을 진행하다 보면 사람들이 강점보다도 태도를 민감하게 여기는 걸 종종 봅니다. 게다가 4,000여 명이 태니지먼트 진단을 진행한 결과 12가지 태도 모두 과락선을 넘는 경우는 약 5%에 불과하기도 했습니다. 대부분 한두 가지 이상 태도상의 약점을 가지고 있다 보니 다들 더욱 태도가 정확하게 무엇을 의미하고, 왜 자신이 낮게 나왔는지 궁금해하며 민감하게 반응했습니다.

일부 태도는 다른 태도 혹은 재능과 어느 정도 상관관계가 있습니다. 예를 들어, '자신감'이 높은 사람은 자기 능력을 신뢰하는 사람이기 때문에 '겸손'이 낮게 나올 여지가 있습니다. '사교'와 '공감'을 동시에 가진 사람은 여러 사람과 공감하기 위해 만나는 사람에게 매번 다른 모습을 보여줄 수 있고(낮은 진정성), 지나친 배려가 낮은 공정으로 나타나기도 합니다.

이 때문에 태도 과락선을 넘기기가 어려울 것이라 생각하는 분도 많습니다. 하지만 중요한 점은 태도는 충분히 보완할 수 있다는 것입니다(태도를 개발하는 방법은 이 장 마지막 부분에서 설명하겠습니다).

팀워크에 영향을 미치는 12가지 태도

태도의 4분류

태니지먼트에서는 태도를 크게 '열정, 성장, 신뢰, 존중'의 4가지로 분류합니다. 이 4분류 각각에 연관된 태도가 또 3개가 있어서 총 12가지 태도가 됩니다. 이제 각 태도에 대해 다음과 같은 양식으로 설명해보겠습니다.

태도의 특징 정리 양식

욕구	태도와 관련된 욕구
설명	태도의 뜻에 대한 설명
행동 특성	태도가 강한 사람의 행동 패턴
긍정적 발현	태도가 비즈니스에서 긍정적으로 발현되는 경우
부정적 발현	태도가 비즈니스에서 부정적으로 발현되는 경우, 일종의 태도 과잉
부족할 경우	태도가 부족할 때 생길 수 있는 문제
개발 방법	태도를 개발할 수 있는 방법
개발 질문	태도를 개발하기 위해 스스로 물어볼 질문

열정과 연관된 태도

열정과 연관된 태도에는 '자신감, 확신, 용기'가 있습니다. 이 세 태도의 정의가 가장 헷갈립니다.

우선 '자신감'은 자기 능력을 믿는 태도입니다. 어려운 과제가 주어져도 할 수 있다고 믿고, 일이 잘될 거라고 생각합니다. '확신'은 자신의 능력이 아니라 선택을 믿는 것입니다. 설령 성공하지 못한다

해도 선택을 후회하지 않습니다. '용기'는 불확실한 상황에서도 첫발을 내딛는 것입니다. 결과에 대한 믿음이 있다기보다 일단 일을 시작하는 태도입니다.

재능 중 '신중'이 있다면 '용기'가 낮게 나올 수 있습니다. 신중한 사람은 여러 가지 상황에 대해 깊게 생각하고자 하는 욕구가 있기 때문입니다. 미래의 위험 요소를 미리 걱정하기 때문에 섣불리 움직이기 어려울 수 있습니다.

자신감 태도의 특징

욕구	자신감 있게 행동하기
설명	자신감이란 자신의 능력에 대한 믿음을 의미한다. 불확실한 상황에서도 할 수 있다고 생각하는 것이다. 자신감 있는 사람은 권위가 있거나 능력이 뛰어난 사람들 앞에서도 기죽지 않고 당당하게 행동하며, 자신의 능력을 100% 발휘한다.
행동 특성	자신감 있게 행동한다. 불가능을 생각하기보다 가능한 것에 집중한다. 할 수 있다고 생각하는 것을 위해 빠르게 의사를 결정하고 실행한다. 불확실한 상황에서도 자신의 능력을 신뢰하며 두려워하지 않는다. 다른 사람들의 말보다는 자신의 능력을 더 의지한다.
긍정적 발현	문제를 해결하기 위해서 적극적으로 개입한다. 어려운 문제와 과제에서도 자신의 능력을 120% 발휘한다.
부정적 발현	자신의 능력을 너무 과신해 상황을 객관적으로 바라보지 못한다. 다른 사람의 지시를 받는 것을 싫어해 교만하다는 평가를 받는다.
부족할 경우	중요한 상황에 자신의 능력을 100% 사용하지 못한다. 의욕이 없어 보이거나 팀의 사기를 저하시킨다. 다른 능력에 대한 신뢰를 줄 수 없다.
개발 방법	자신을 칭찬해주는 사람과 많은 시간을 가진다. 자신의 강점을 자주 볼 수 있도록 한다. 자신이 잘할 수 있는 일의 목록을 만들어본다.
개발 질문	Q. 당신이 다른 사람들보다 탁월하게 잘할 수 있는 것은 무엇입니까? Q. 다른 사람들에게 당신이 당당하게 행동할 수 있는 이유는 무엇입니까?

확신 태도의 특징

욕구	중요한 신념 지키기
설명	확신이란 자신의 생각에 대한 믿음이다. 확신 태도가 높으면 자신의 확고한 생각이나 신념을 지키기 위해 타협하지 않고 선택에 대해 후회하지 않는 모습을 보인다. 확신이 있는 사람은 신념을 위해 선택하고 다른 것을 희생하면서도 그것을 지키려 하는 열정을 가지고 있다.
행동 특성	중요한 신념을 지킨다. 확신한 것을 선택하고 그것을 위해 행동한다. 중요한 가치를 지키고 타협하지 않는다. 중요한 일을 위해 기꺼이 희생한다. 삶의 이유와 목적을 고민한다.
긍정적 발현	조직에 명확한 신념에 따른 안정감을 준다. 다른 이들이 믿고 따를 수 있는 의미와 가치를 만들어낸다.
부정적 발현	신념에 맞지 않는 모든 것을 싫어하기 때문에 고집불통이라 평가받는다. 옳은 길은 하나라고 생각하여 다른 길을 고려하지 않는다.
부족할 경우	자신이 선택한 것에 대해 계속 고민한다. 행동을 하는 순간에도 고민 때문에 일에 집중하지 못한다. 확신이 부족할 때, 다른 사람들을 불안하게 하고 선택의 시간이 오래 걸린다.
개발 방법	확신이 있는 사람과 함께 일한다. 선택에 대한 의미와 이유를 책상에 붙여놓는다. 의사결정의 기준과 프로세스를 만든다.
개발 질문	Q. 당신이 의사를 결정할 때 가장 중요하게 생각하는 가치는 무엇입니까? Q. 다른 사람들에게 어떻게 지지를 얻어냅니까?

강점 발견

용기 태도의 특징

욕구	주저하지 않기
설명	용기란 미래의 위험 요소에 주저하지 않고 행동할 수 있는 의지이다. 또한 자신의 선택을 통해 일어날 수 있는 일들을 용기 있게 받아들이고 행동을 선택할 수 있는 태도이다. 용기 있는 사람은 미래에 대한 두려움에 맞서는 행동을 통해 다른 사람들에게도 용기를 주고 활력을 준다.
행동 특성	불의한 상황에 맞선다. 스스로 선택한 결정에 대해 빠르게 반응하고 행동한다. 용기 있는 행동을 통해 다른 사람에게도 용기를 심어준다. 어려운 상황이 와도 포기하지 않으며 좌절하지 않는다. 사람들의 평가나 시선에 상관없이 솔직하게 행동한다.
긍정적 발현	다른 사람들이 포기한 문제도 일단 두려워하지 않고 시도하며 돌파한다. 반복되는 실행과 피드백을 통해 의미 있는 결과를 만들어낸다.
부정적 발현	합의되지 않는 행동을 하여 다른 사람에게 피해를 끼친다. 무모한 행동 때문에 불필요한 시간을 낭비한다.
부족할 경우	어려운 문제가 생겼을 때 쉽게 포기한다. 주저하고 행동하지 않아서 기회를 놓친다. 행동을 통해 얻는 교훈과 성장을 느낄 수 없다.
개발 방법	용기 있는 사람들과 뜻을 모아 함께 행동한다. 걱정했는데 예상보다 잘 진행되었던 감사한 과거를 생각해본다. 예상치 못한 상황에 대처할 수 있는 대안들을 관리하는 노트를 만든다.
개발 질문	Q. 당신이 현재 선택할 수 있는 가장 용기 행동은 무엇입니까? Q. 해야 한다고 생각하는데 걱정되는 것이 있어서 행동하지 못하는 것은 무엇입니까?

성장과 연관된 태도에는 '배움, 절제, 긍정'이 있습니다. '배움'은 성장과 바로 연결되어 보이지만, 나머지 두 태도는 성장과 어떤 관계인지 잘 안 떠오를 수 있습니다.

'절제'가 부족하다면 지금 누릴 수 있는 것을 굳이 나중으로 미루지 않습니다. 맛있는 반찬을 먼저 먹을 것인지, 아껴뒀다 나중에 먹을지의 문제입니다. 먼저 먹는 것이 나쁘다는 뜻은 아니지만, 훈련의 시기에는 당장 하고 싶은 일을 참아야 할 때도 있습니다. 이것이 절제가 성장으로 분류되는 이유입니다.

'긍정'이 부족할 경우 어려운 문제가 닥쳤을 때 이를 해결해나가며 성장하는 것이 아니라 쉽게 포기해버릴 수 있습니다. 다만, 과도한 긍정은 눈앞에 보이는 위험 요소를 간과하게 만들 수 있음을 주의해야 합니다.

배움 태도의 특징

욕구	배우는 과정을 즐기기
설명	배움이란 지식이나 정보를 흡수해 어제보다 나은 내가 되고 싶어 하는 의지를 의미한다. 다른 사람의 생각이나 지식을 수용해 성장하고 발전하고자 하며, 결과보다 배우는 과정 자체를 즐기는 모습으로 나타난다. 배움의 태도가 뛰어난 사람은 늘 새로운 깨달음을 추구하며 끊임없이 발전하기 위해 누가 시키지 않아도 스스로 정진한다.
행동 특성	늘 새로운 깨달음을 추구한다. 새로운 배움을 통해 성장하고 발전한다. 결과보다 배우는 과정 자체에 즐거움을 느낀다. 끊임없이 발전을 추구하며 새로운 경험을 시도한다. 배움이 있는 자리를 찾아다니며 지식이 있는 사람과 어울리기를 좋아한다.
긍정적 발현	역량이 부족한 영역에서 일할 때도 스스로 정보를 습득하고 학습해 빠르게 전문성을 갖춘다. 현실에 안주하지 않고 새로운 흐름과 정보를 빠르게 습득하고 반응한다.
부정적 발현	호기심으로 인해 불필요한 일을 하여 생산성이 떨어진다. 목표를 달성하거나 결과를 얻는 것보다 배우는 과정 자체에 빠져 있을 수 있다.
부족할 경우	성장하지 않고 정체되어 한계를 드러내게 된다. 정보에 둔감하고 변화하는 환경에 잘 적응하지 못한다. 지식이나 전문성에 대해 깊이가 부족해진다.
개발 방법	책이나 정보를 얻은 뒤 정리하는 습관을 갖는다. 배움을 좋아하는 사람들과 모임을 함께한다. 정보나 지식을 습득할 때마다 자신만의 여가 시간을 갖는다.
개발 질문	Q. 요즘 새롭게 배우고 있는 것은 무엇입니까? Q. 당신에게 배움을 주는 사람은 누구이고, 배움의 시간이 되는 모임은 무엇입니까?

절제 태도의 특징

욕구	미래를 위해 인내하기
설명	절제란 수고하고 스스로 통제할 수 있는 것을 의미한다. 절제의 태도는 하고 싶지 않은 일도 인내하고 성실하게 수행하는 것이다. 절제를 잘하는 사람은 당장의 이익보다 더 나은 미래를 위해 하고 싶은 것을 인내하고 참아낸다.
행동 특성	더 나은 것을 위해 현재를 인내하고 참아낸다. 수고로움을 감내하고 스스로를 통제할 수 있다. 감정보다는 이성적으로 판단한 것을 선택한다. 맨 처음 솟구치는 충동이나 감정을 억제하고 바람직하다고 생각하는 것을 선택한다. 좋은 습관을 정하고 그것을 집요하게 실행한다.
긍정적 발현	목표를 이루기 위해 다른 것들을 참아내며 목표를 달성해낸다. 감정적인 욕구보다 이성적인 선택을 하는 것은 집중력을 높여주며 끈기와 열정을 가져다준다.
부정적 발현	지나친 절제는 상황에 대해 경직된 반응을 가져온다. 자신의 선택으로 다른 사람의 욕구까지 통제할 경우 팀워크를 해칠 수 있다.
부족할 경우	현재의 욕구를 참아내고 인내해야 하는 훈련의 기간을 견딜 수 없다. 순간적인 욕구에 반응하여 중요한 순간에 위험 요소를 캐치하지 못하게 만든다.
개발 방법	절제하고 싶은 영역을 정하여 다른 사람들에게 통제를 함께 부탁한다. 다른 사람들의 절제했던 성공 경험을 알려달라고 한다. 이루고 싶은 목표와 현실적으로 절대로 타협하고 싶지 않은 목표를 정한다. 집중해야 하는 일이 생기면, 의지를 방해하는 휴대폰이나 TV를 제거한다.
개발 질문	Q. 더 나은 미래를 위해 절제해야 하는 것은 무엇입니까? Q. 당신의 인내를 도와주는 동기 요소는 무엇입니까?

강점 발견

긍정 태도의 특징

욕구	긍정적 미래를 생각하기
설명	긍정이란 미래에 일어날 수 있는 좋은 일을 기대하고 삶의 충만함을 느끼는 것을 의미한다. 이 태도는 삶의 어려운 순간이나 상황 속에서도 낙관적이고 희망적인 면을 생각하고 극복하는 방향으로 나타난다. 긍정이 있는 사람은 편안하고 밝은 분위기를 조성하고, 긍정 에너지로 다른 사람들에게 활력을 준다.
행동 특성	삶이 늘 긍정적인 에너지로 가득하다. 삶의 충만함을 느끼고 행복을 추구한다. 어려움보다는 희망적인 미래에 더 집중한다. 다른 사람들에게 활력이 되며 에너지를 준다. 어려운 목표일지라도 달성할 수 있는 방법이 반드시 있다고 생각한다.
긍정적 발현	긍정적이고 낙관적인 에너지로 다른 사람들이 자신의 일에 열의를 갖게 만든다. 정서적으로 편안하고 밝은 분위기를 조성해 사기를 높인다. 어려운 문제에도 쉽게 포기하지 않으며 희망적인 목표를 유지한다.
부정적 발현	문제의 요소가 있음에도 불구하고 위험 요소를 무시하거나 간과할 수 있다. 다른 사람에게 마음에 없는 형식적인 칭찬을 한다. 너무 현실을 모르는 순진한 사람이라고 평가받는다.
부족할 경우	어려운 문제나 상황이 왔을 때, 낙심하거나 포기할 수 있다. 다른 사람을 불편하게 하거나 다른 사람과의 관계를 해칠 수 있다.
개발 방법	매일 그날 감사했던 것을 기록하는 일기를 작성한다. 긍정적인 사람을 통해 자신의 현재 상황에 대한 긍정적인 평가를 자주 듣는다. 다른 사람들이 역경을 극복한 방법을 배운다.
개발 질문	Q. 오늘 당신이 생각하는 가장 희망적인 메시지는 무엇입니까? Q. 긍정적인 에너지로 다른 사람에게 힘을 줄 수 있는 것은 무엇입니까?

신뢰와 연관된 태도에는 '진정성, 책임, 공정'이 있습니다. 이 세 태도는 상대방에게 일을 믿고 맡길 수 있는지와 관련이 있습니다. 다른 태도들이 팀의 분위기나 팀원 간의 인간관계에 영향을 미친다면, 신뢰와 연관된 태도는 일 자체에 영향을 미칩니다.

'진정성'은 한마디로 생각과 말과 행동이 일치하는 태도입니다. 외부의 시선보다는 자신의 기준에 따라 정직하고 일관성 있게 행동하는 것입니다. '중재' 재능을 가진 사람이 진정성이 낮게 나타날 가능성이 있습니다. 황희 정승의 '네 말도 옳고, 네 말도 옳다'는 이야기처럼, 중재의 과정에서 양쪽 편을 모두 들어주는 듯이 보일 수 있기 때문입니다.

'책임'은 주인의식을 가지고 일을 끝까지 해내는 태도입니다. 모든 강점에 다 필요하지만, 특히 '추진' 강점이 있는 사람은 책임이 꼭 필요합니다. 책임이 없는 추진은 이것저것 일을 벌이기만 하고 마무리는 못 하는 사람으로 전락하게 합니다.

"김 대리는 집이 너무 멀어서 조금 늦게 출근해도 괜찮아.", "이 선임은 자격증 시험 준비 중이니 웬만하면 야근하지 않게 해야지." 등 직장에서 한 사람 한 사람을 상황에 맞춰 다르게 대하는 경우가 있습니다. 이런 경우 '공정'이 낮게 나타납니다. 개개인에 대한 과도한 배려 때문에 일관된 규율이 없는 사람처럼 보이기 때문입니다. 특히 팀의 규율을 고민할 필요가 없는 팀원일 때 공정이 낮게 나타날 수 있습니다. 팀장이 되어 팀 규율을 고민해야 할 입장이 되면 공정 태도에 신경 쓰셔야 합니다.

진정성 태도의 특징

욕구	스스로 정직하게 행동하기
설명	진정성이란 자신의 생각과 의도에 대해 진실함을 가지고 행동하는 것이다. 생각과 행동이 일치하고, 하고 있는 일에 후회 없을 만큼 최선을 다하는 태도이다. 진정성 있는 사람은 쉽지 않더라도 내면의 소리를 따라 진실함이 최선의 선택이라 믿고, 이익에 반하는 행동도 정직하게 선택한다.
행동 특성	자기 자신과의 약속에 따라 살아간다. 진실한 말과 행동에 전념한다. 손해를 보더라도 스스로 정직하게 행동한다. 다른 사람의 시선보다 자기 자신이 믿는 것을 지지한다. 진실함을 최대의 가치로 생각한다.
긍정적 발현	분야와 상관없이 일에 대한 열정과 활력을 가져다준다. 깊고 오랫동안 유지되는 신뢰 관계를 형성한다.
부정적 발현	팀이 합의한 것도 자신이 동의하지 않으면 하지 않는다. 적절하지 않은 타이밍의 솔직함으로 때로는 다른 사람에게 피해를 주기도 한다.
부족할 경우	진정성을 담아내지 않은 행동은 지나치게 형식적인 행동이 되거나 가식적이라는 평가를 들을 수 있다. 진정성 없이 선택한 행동에 대해서는 그 결과에 대한 피드백을 제대로 할 수 없다.
개발 방법	스스로 진실하고 정직하게 행동했을 때와 그렇지 않았을 때의 행동에 만족감의 차이를 살펴본다. 내가 중요하게 생각하는 일을 생각하고 우선순위를 정해 행동한다. 내가 중요하게 생각하는 가치를 적어보고, 이 가치들로 지난 한 주간의 행동을 피드백한다.
개발 질문	Q. 당신이 가장 진심을 다해 하고 있는 일은 무엇입니까? Q. 하고 싶지 않은 일을 해야 할 때, 어떻게 행동합니까?

책임 태도의 특징

욕구	하기로 한 약속을 지키기
설명	책임이란 하기로 한 것은 반드시 해내고자 하는 의지이다. 자신이 하겠다고 말한 것은 무슨 일이 있어도 반드시 지킨다. 책임 태도가 뛰어난 사람들은 다른 사람을 실망시키는 경우가 거의 없으며, 이를 지키기 위해 주인의식을 가지고 최선을 다해 행동한다.
행동 특성	하기로 한 것은 반드시 한다. 다른 사람이 신뢰할 만한 사람이다. 스스로 주인의식을 가지고 행동한다. 다른 사람을 실망시키지 않는다. 일단 시작한 일은 끝까지 해낸다.
긍정적 발현	일을 완수할 것이라고 믿고 맡길 수 있는, 신뢰할 만한 사람으로 인정받는다. 다른 사람이 요구하지 않아도 주인의식을 가지고 스스로 동기부여한다.
부정적 발현	자신이 할 수 있는 일보다 과도하게 책임감을 갖거나 집착하여 쉽게 소진된다. 다른 사람에게도 자신과 같은 책임감을 요구하고, 기대에 못 미칠 경우 실망한다.
부족할 경우	다른 사람들에게 금방 신뢰를 잃는다. 일을 지속적으로 할 수 있는 에너지가 부족해지거나 마무리를 소홀히 하게 된다.
개발 방법	일을 끝까지 책임지지 않았을 때 주위 사람들의 평가가 어떨지 생각해본다. 나에게 주어진 역할과 요구되는 행동을 작성한다. 일을 끝까지 마무리할 수 있는 일정과 계획을 수립하고 시작한다.
개발 질문	Q. 오늘 당신이 책임감을 가지고 임해야 하는 일은 무엇입니까? Q. 당신이 책임감을 가지고 행동하는 것을 방해하는 것은 무엇입니까? 　 이를 어떻게 해결할 수 있습니까?

강점 발견

공정 태도의 특징

욕구	다른 사람들을 동등하게 대하기
설명	공정이란 모든 사람을 동등하게 대하고자 하는 의지와 관계된다. 개개인과의 관계나 상황과 상관없이 분명한 원칙과 기준에 따라 사람들을 일관되게 대하는 것이다. 공정한 사람은 불필요한 개별 맞춤보다 모두가 준수할 수 있는 공정한 원칙을 기준으로 행동한다.
행동 특성	모두에게 정당한 몫이 돌아갔는지를 고려한다. 다른 사람의 상황보다는 전체의 선을 추구한다. 도덕적인 기준의 옳고 그름을 중요하게 생각하며 그러한 절대적인 기준을 추구한다. 차이를 줄여 균등하고 공평한 대우를 하고 싶어 한다.
긍정적 발현	조직이나 팀에 모두가 준수할 수 있는 기준과 원칙을 만들거나 지켜낸다. 분명한 원칙에 따라 모두를 동등하게 대함으로써 중립적이고 객관적인 의견을 제시한다.
부정적 발현	원칙과 기준만을 주장하면 다른 사람들과의 인간관계가 딱딱해질 수 있다. 상황을 고려하지 않은 원칙과 기준은 현실성이 없거나 융통성이 결여될 수 있다.
부족할 경우	개인의 요구나 상황보다 조직이나 팀이 지속적으로 유지되기 위해서는 공정성이 확보되어야 한다. 다수의 선을 추구하면서 조직이나 사회의 부패성을 막기 위해서는 원칙과 기준을 지키는 것이 필요하다.
개발 방법	더 나은 선택이나 누군가를 배려하기 위한 선택이 다른 사람들에게 미칠 수 있는 피해를 생각해본다. 내가 속한 팀을 위해 한 행동이 더 큰 상위 조직에 끼칠 수 있는 부정적 영향을 생각해본다. 주관적으로 내리는 판단과 원칙에 의거한 판단을 구분해본다.
개발 질문	Q. 당신이 꼭 지키고 싶은 원칙이나 규칙은 무엇입니까? Q. 주변에 다른 사람들이 억울하다고 느낄 수 있는 것이 무엇일까요?

존중과 연관된 태도에는 '배려, 관용, 겸손'이 있습니다. 주로 고객이나 동료들을 대하는 자세와 관련되어 있습니다.

'배려'는 다른 사람의 입장을 고려하는 태도입니다. '공감' 재능이 있는 사람은 배려가 높게 나타납니다. 다만 과도한 배려가 진정성이 없거나 공정하지 않은 것처럼 보일 수 있으니 주의해야 합니다.

'관용'은 나와 다른 의견이나 타인의 실수를 받아들이는 태도입니다. 관용이 낮을수록 엄격하고, 규율을 중시하는 성향을 보입니다. 그러나 일의 퀄리티와 규율도 중요하지만, 관용이 너무 낮으면 다른 팀원들이 평소에 그 사람의 눈치를 보게 됩니다. 반대로 관용이 높으면 애초에 다른 사람에게 기대하는 수준이 낮고, 거기에 높은 책임이 결합되면 다른 사람이 제대로 처리하지 않은 일까지 떠맡는 상황이 반복됩니다. 결과적으로는 다른 팀원들이 자신의 할 일을 끝까지 마무리하지 않아도 된다고 생각하게 되며, 관용과 책임이 높은 사람만 번아웃을 겪을 수 있습니다.

'겸손'은 자기가 잘할 수 있는 영역이 있을 때 굳이 그 사실을 내세우지 않는 것입니다. '자신감'이 높을 경우 자기 능력을 과신하여 겸손이 낮게 나타날 수 있습니다. 반대로 겸손이 높으면 충분히 할 수 있는 일을 맡을 때도 자신감이 부족한 것처럼 보일 수 있습니다. 자신감과 겸손이 균형 있게 나타나려면 자기가 무엇을 할 수 있고 무엇을 할 수 없는지 스스로 성찰이 필요합니다.

배려 태도의 특징

욕구	다른 사람의 입장을 고려하기
설명	배려는 다른 사람의 입장에서 생각하고 맞춰주며, 상대가 불편함을 느끼지 않도록 돕는 태도다. 배려 태도가 강한 사람은 다른 사람들에게 감동을 주며, 다른 사람을 위해 기꺼이 희생하고 양보한다.
행동 특성	다른 사람을 배려하고 돕는다. 다른 사람을 위해 기꺼이 희생하고 양보한다. 다른 사람의 입장에서 생각하고 행동을 맞춰준다. 보상을 바라지 않고 친절함을 베푼다. 다른 사람에게 선한 행동을 통해 감동을 주기를 원한다.
긍정적 발현	고객에게 편안함과 감동을 주어, 소속된 조직이나 팀에 대한 로열티를 만들어낸다. 팀이나 조직의 분위기를 부드럽게 만들고, 다른 사람들에게 영향력을 제공할 수 있는 기반을 만든다.
부정적 발현	무분별하고 과도한 배려는 상대방을 성장시키지 않고 오히려 나에게 과도하게 의지하도록 만든다. 지나친 배려 때문에 팀원들이 반드시 해야 할 역할도 양보하거나 미루는 상황이 올 수 있다.
부족할 경우	다른 사람들을 배려하는 노력이 없으면 아무리 탁월해도 다른 사람의 지지를 얻을 수 없다. 사람들은 이성적 선택보다 감성적인 선택을 많이 하기 때문에 상대방을 설득할 수 있는 힘이 약해진다.
개발 방법	다른 사람에게 양보했을 때 얻을 수 있는 감정적 효과에 대해 생각해본다. 자신에게 피해를 주었던 사람들과도 호의적인 말투로 대화한다. 상대방을 배려하는 의사소통이나 경청의 스킬을 익힌다.
개발 질문	Q. 당신 주변에 현재 불편함을 가지고 있는 사람은 누구일까요? Q. 다른 사람을 돕기 위해 포기할 수 있는 당신의 이익은 무엇입니까?

관용 태도의 특징

욕구	다른 사람의 실수 받아들이기
설명	관용이란 내가 동의하지 않는 의견이나 행동을 허용하고 받아들이는 관대한 마음을 의미한다. 이 태도는 상대의 실수를 너그럽게 용서하고 쉽게 화내지 않는다. 관용을 베푸는 사람은 다른 사람과 나의 다름을 수용하고 소외된 사람들을 품고 싶어 한다.
행동 특성	다른 사람의 잘못을 너그럽게 받아들이고 용서한다. 다른 사람의 실수에 쉽게 화내지 않는다. 본인을 배신하거나 등 돌린 사람과도 관계를 회복하기 위해 노력한다. 다른 사람의 실수에 대해 나름의 이유가 있을 것이라 생각한다. 소외된 사람을 포용하고 품어주기를 원한다.
긍정적 발현	다른 사람의 실수에 너그럽게 반응하여 다른 사람이 성장할 수 있는 기회를 만들어준다. 다른 사람들의 도전에 안전감을 제공하여, 주도성을 가지고 새로운 것에 도전하는 용기를 준다.
부정적 발현	허용할 것과 허용하지 말아야 할 것이 구분되지 않으면 조직의 질서가 무너질 수 있다. 지나친 관용은 상대방이 자신의 실수를 제대로 피드백하지 못하게 한다.
부족할 경우	다른 사람의 실수를 용납하지 않으면 주변인들이 관계 맺길 두려워하게 된다. 다른 사람들이 나의 성공을 축하하기보다 시기하고, 실수를 찾으려는 부정적인 시선으로 바라보게 된다. 다른 사람들이 나를 가식적으로 대하고 거짓말을 자주한다.
개발 방법	내가 실수했을 때, 다른 사람이 용납하고 이해해준 경험을 생각해본다. 다른 사람이 나에게 모욕감을 줄 때, 어떻게 대처할지 미리 생각해둔다. 아직 용서하지 않은 사람이나 상황을 적어보고 상대방의 입장을 적어본다.
개발 질문	Q. 주변에 당신의 도움이 필요한 소외된 사람은 누구입니까? Q. 갈등을 겪는 사람들 사이에 화합을 돕기 위해 당신이 사용하는 방법은 무엇입니까?

겸손 태도의 특징

욕구	자신의 부족함 받아들이기
설명	겸손이란 나의 부족함을 겸손하게 받아들이는 것이다. 또한 자신의 부족함을 인정하고, 다른 사람의 강점을 인식하고 높여줄 수 있는 태도이다. 겸손한 사람은 자신의 능력을 자랑하기보다 다른 사람을 돕는 데 사용하고, 다른 사람이 탁월해 보일 수 있도록 존중하고 기회를 양보한다.
행동 특성	자신의 부족한 점을 객관적으로 분석하고 인정한다. 다른 사람들의 체면을 높여주는 것을 중요하게 여긴다. 다른 사람의 조언을 잘 받아들인다. 자신의 개인적인 욕구보다 집단의 이익을 우선시한다. 나의 탁월함에는 다른 누군가의 도움이 있었다고 생각한다.
긍정적 발현	능력을 과신하지 않고 스스로 계속해서 개선하려고 노력한다. 겸손함을 통해 성과를 다른 사람들에게 돌리며, 이를 통해 주변 사람들이 자발적으로 나를 위해 헌신적으로 일하고 싶게 만든다. 실수한 것에 대해 객관적으로 분석하고 빠르게 대처하며 쉽게 회복한다.
부정적 발현	지나치게 겸손하면 자기 능력에 대한 객관성을 잃을 수 있다. 다른 사람들에게 자신감이 없어 보이거나 열정이 떨어진다고 보일 수 있다.
부족할 경우	겸손하게 자기 자신을 볼 수 없으면 자신의 약점을 고치거나 성장할 수 없다. 다른 사람들이 함께 일하고 싶어 하지 않으며, 이 때문에 중요한 기회를 놓칠 수도 있다.
개발 방법	나의 성취를 과시하고 싶은 욕구를 참았을 때, 다른 사람과의 관계가 어떻게 개선될지 생각해본다. 나보다 어린 사람이나 부족하다고 생각하는 사람에게 실수했을 때 스스로 어떻게 행동하는지 살펴본다. 다른 사람들의 강점 리스트를 작성해본다.
개발 질문	Q. 당신의 행동을 자랑하지 않을 이유는 무엇입니까? Q. 겸손하지만 자신감 있게 행동하기 위해 당신이 노력할 것은 무엇입니까?

부족한 태도를 보완하는 법

태도에서의 욕구와 행동판단

강점에 대해 설명하면서 욕구 기반의 강점과 행동판단 기반의 강점이 있다고 이야기했습니다. 태니지먼트 휠에서는 각각 노란색 실선과 회색 점선의 그래프로 표현됩니다. 원래의 내 모습이 있는 반면, 주변에서 기대하는 모습 혹은 스스로 옳다고 판단하는 모습이 따로 있는 것입니다.

태도에서도 욕구와 행동판단이 있습니다. 그런데 강점과는 달리, 태도에서의 욕구와 행동판단은 서로 별개가 아니라 합쳐지는 관계입니다. 즉, 타고난 태도 위에 의식적으로 행동하는 것을 더한 것이 실제 주변 사람들이 나에 대해 느끼는 태도인 것이지요. 그래서 태도에서의 욕구와 행동판단은 하나의 누적 막대그래프로 표현됩니

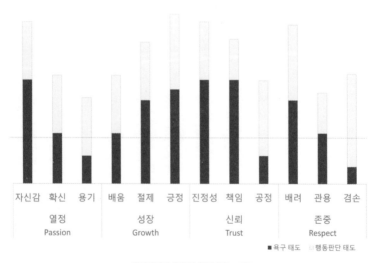

태도에서의 욕구와 행동판단 그래프

그래프에서 빨간색으로 표시된 부분이 욕구에 의한 태도이고, 그위에 회색으로 표시된 부분이 행동판단에 의한 태도입니다. 각각의비중이 중요한 것이 아니라, 둘의 합이 과락(빨간 점선)을 넘는 것이중요합니다. 예를 들어, 그래프의 '겸손'처럼 욕구에 의한 태도가 낮더라도 행동판단으로 채우고 있다면 괜찮습니다. 단, 행동판단은 상황에 따라 변화할 수 있기 때문에, 평소보다 스트레스를 받는다든지하는 특정 상황에서는 행동판단으로 메꾸고 있던 태도상의 약점이드러날 수 있다는 점을 주의해야 합니다.

인식이 중요한 태도, 환경이 중요한 태도

그렇다면 행동판단에 의한 태도는 어떻게 높일 수 있을까요? 어떤태도인지에 따라 보완하는 방법이 조금 다릅니다.

우선 신뢰·존중과 연관된 6가지 태도(진정성, 책임, 공정, 배려, 관용, 겸손)는 스스로 부족함을 인식하고 의도적으로 이를 보완하는 방향으로 행동해 개발이 가능합니다. 예를 들어, 평소 남에 대한 배려가 부족한 사람은 이를 인지하고 어떻게 해야 다른 사람이 배려받는다고여길지 생각해서 의도적으로 그렇게 행동할 수 있습니다. 책임감이부족한 사람은 일을 끝까지 마무리하고 책임지는 모습이 부족함을인지하고 의도적으로 팀에서 책임을 지는 모습을 보일 수 있습니다. 이렇게 신뢰와 존중 영역에서 과락인 태도가 있다면 무엇보다 자신이 해당 영역이 부족함을 인식하고 인정하는 것이 가장 중요합니다.

반면 열정·성장과 연관된 6가지 태도(자신감, 확신, 용기, 배움, 절제, 긍정)는 단지 인지한다고 해서 스스로 보완하기는 어렵습니다. 예를 들어, 용기가 없는 사람이 이를 인식하고 앞으로 좀 더 용기를 내겠다고 다짐한다 해서 갑자기 용기 있는 행동이 나오지는 않습니다. 배움의 태도가 부족한 사람은 의도적으로 혼자 무언가 배우려 해도 작심삼일이 되기 일쑤이죠.

이런 태도들을 개발하기 위해서는 다른 사람의 도움이나 주변 환경의 변화가 필요합니다. 환경 변화의 첫 번째 방법은 자신의 부족한 태도를 도와줄 수 있는 사람들과 한 팀을 이루는 것입니다. 자신의 능력에 대한 믿음이 부족한 사람도 주변 동료들이 강한 자신감을 가지고 있거나 자신감을 가질 수 있도록 도움을 준다면, 좀 더 자신감 있는 행동을 보일 것입니다. 또 다른 방법은 그렇게 할 수밖에 없는 환경을 만드는 것입니다. 배움의 태도가 부족한 사람은 스스로 독학하는 것보다 학원에 등록한다든지 꾸준히 배울 수밖에 없는 상황을 만드는 것이 더 도움이 될 수 있습니다.

강점을 해석할 때 주의해야 할 것들

태니지먼트를 통해 나를 해석하는 여정을 마치기 전에 꼭 당부드리고 싶은 말이 있습니다. 태니지먼트에서 가장 강하게 나타나는 강점을 '대표 강점'으로 표현하긴 하지만, 대표 강점 하나로는 개인에 대해 제대로 이해할 수 없습니다. 왜 그런지 앞서 설명한 내용을 종합해보겠습니다.

강점 발견

재능의 조합 : 강점이 같더라도 재능의 조합이 다를 수 있습니다. 예를 들어, 외교 강점을 가졌더라도 사교 재능이 있는 외교와 표현 재능이 있는 외교는 행동 양식이 다릅니다. 태니지먼트에서는 24개의 재능 유형 중 상위 6개의 재능을 그 사람의 대표 재능으로 표현하는데, 이 상위 6개 재능이 순서까지 일치할 확률은 96,909,120분의 1($_{24}P_6$)^{7}에 불과합니다. 하물며 나머지 18가지 재능에도 사람마다 순위가 있음을 생각하면 자신과 같은 재능 조합을 가진 사람은 지구상에 존재하지 않는다고 봐도 무방합니다.

개발 정도 : 태니지먼트 휠은 각 강점과 연관된 재능을 얼마나 가졌는지 잠재력을 보여주지만, 실제로 얼마나 개발되어 있는지는 보여주지 못합니다. 비슷한 모양의 태니지먼트 휠을 가진 사람이더라도 지식과 경험의 양에 따라 매우 다른 행동을 보일 수 있습니다.

욕구 vs 행동판단 : 태니지먼트에서 대표 강점으로 표현하는 것은 욕구를 기준으로 합니다. 욕구 기반으로 같은 대표 강점을 가졌더라도, 행동판단 기반의 강점이 다르다면 행동 양식이 달라집니다. 내가 옳다고 느끼거나 조직에서 기대하고 있는 행동이 다르다는 뜻이기 때문입니다.

태도 : 어떤 태도를 가졌는지에 따라 강점이 발현되는 모습이 다릅니다. 같은 '추진' 강점을 가지고 있더라도 팀의 추진력을 높이는 주도적인 리더로 여겨지는 사람이 있는 반면, 팀원들이 못 따라오더라도 자기 혼자 치고 나가는 독불장군처럼 여겨지는 사람도 있습니다. '배려', '관용' 같은 태도를 얼마나 가지고 있는지에 따라 강점이 긍정적인 역할을 하기도 하고, 오히려 단점이 되기도 하는 것입니다.

결국 대표 강점만 가지고, 심지어 태니지먼트 휠을 놓고도 "아하, 당신은 이런 사람이군요."라고 단언하는 것은 불가능합니다. 태니지먼트는 사람의 유형을 분류하고 꼬리표를 달기 위해서 만들어진 도구가 아니라, 성장 방향성을 제시하는 도구입니다. 그리고 서로 다른 강점 간에는 어느 것이 어느 것보다 낫다는 개념이 없습니다. 다른 사람의 강점을 부러워할 필요도 없고, 자신의 강점을 평가 절하할 이유도 없습니다.

이상, 태니지먼트를 통해 나를 해석하는 방법을 알아보았습니다. '나'를 이해하는 동안 자연스럽게 주변 사람들의 강점도 궁금해지셨을 것입니다. 2부 '팀을 해석하다'에서는 팀이나 회사에서 태니지먼트 결과를 어떻게 활용하면 좋을지 살펴보겠습니다. 혹시 지금 회사에 다니지 않는 사람이라도 동아리나 종교 단체 등 여러 조직에 속해 있을 수 있습니다. 따라서 서로의 강점을 아는 것이 함께 일하는 데 어떤 변화를 줄 수 있을지를 염두에 두고 따라오기 바랍니다.

강점 발견

2부

—

팀을 해석하다

모든 퍼즐이 모여 하나의 그림을 이루듯,
각자의 강점이 모여 완벽한 팀을 만든다.

제6장

팀에서의 강점 활용법

강점으로 인재 전쟁에서 승리한 페이스북

하버드에서 MBA를 마친 로리 골러Lori Goler는 월트 디즈니와 베이비스타일닷컴, 이베이 등 실리콘밸리에서 10여 년간 성공적인 커리어를 쌓아갑니다. 2008년, 그녀는 페이스북 COO 셰릴 샌드버그Sheryl Sandberg의 요청으로 한 번도 맡아보지 않았던 채용과 인사 관리 업무를 담당하게 됩니다. 이전 커리어를 통해 이미 다양한 환경에서 다재다능한 역량이 있음을 보여주었고, 페이스북의 미션에 열렬히 공감하고 있었기 때문에 그녀는 해보지 않은 업무지만 총괄직을 수락했습니다.

직원 수가 몇백 명 수준이던 2008년부터 1만 2,000명 이상으로 늘어난 2016년까지, 로리 골러는 8년 동안 페이스북을 '강점 기반'의 조직으로 만들었습니다. 당시 골러는 마커스 버킹엄과 커트 코프먼이 쓴 《유능한 관리자》라는 책의 팬이었습니다. 이 책에서는 뛰어난 일선 관리자들이 보여주는 공통점을 4가지로 정리합니다.

1. 경험이나 판단력보다 재능에 맞추어 선발한다.
2. 과정이 아니라 결과를 규정한다.
3. 약점을 고치는 것이 아니라 강점에 초점을 맞추어 동기부여한다.
4. 승진을 돕기보다 적합한 자리를 찾아준다.

실리콘밸리의 치열한 인재 전쟁에서 승리하려면 스톡옵션이나 연봉만으로는 부족합니다. 골러는 사람들의 강점에 주목하고 약점이 업무에 영향을 미치지 않게 하는 조직 관리에 초점을 맞추었습니다. 강점에 집중함으로써 칙센트미하이 교수가 말하는 '몰입'이 광범위하게 일어나도록 유도한 것입니다. 대표적인 사례로는, 엔지니어들이 입사 직후 6주간의 교육을 마치고 나서 팀에 '배치를 받는 것'이 아니라 자신이 일할 팀을 '스스로 선택하게 한 것'입니다.

신입뿐 아니라 최고경영진도 마찬가지였습니다. 제품 개발에 집중하는 마크 저커버그Mark Zuckerberg는 다른 CEO와 달리 광고주들을 상대하는 데 시간을 거의 쓰지 않습니다. 마찬가지로 샌드버그는 제품 개발에 거의 관여하지 않습니다. 서로의 일을 중요하게 여기지 않는다는 뜻이 아니라 자기가 잘할 수 있는 영역에 몰입하기 위해 노력하는 것입니다.

강점 기반으로 운영되는 페이스북의 성과는 사용자 수나 매출 성장과 같은 눈에 보이는 것만이 아닙니다. 연봉정보업체 페이스케일이 2015년에 전문기술직 3만 3,500명을 대상으로 조사한 바에 의하면, 페이스북은 조사 대상 18개 IT기업 중에 직원들이 느끼는 만족도가 가장 높았고(96%), 스트레스 정도는 가장 낮았습니다(44%). 또한 페이스북은 취업정보업체 글래스도어의 '2017 최고의 직장'에서 별 5개 만점에 4.5개를 받아 IT분야 1위에 올랐죠. 친구에게 회사를 추천하겠다는 직원이 92%, 회사의 미래를 긍정적으로 내다보는 직원이 92%, CEO 저커버그의 리더십에 동의하는 직원이 98%였습니다. 미국의 IT매체 쿼츠가 2015년 링크드인 데이터를 분석해 페이스북 직원들의 전 직장 랭킹을 조사해보니, 5위 안에 마이크로소프트, 구글, 애플이 전부 포함되어 있었다고 합니다. 반면 마이크로소프트, 구글, 애플 직원들의 전 직장 랭킹 5위 안에는 페이스북이 없었지요. 충분한 보상을 제공하는 최고의 기업끼리 비교해도 그만큼 페이스북이 다른 곳에 인재를 빼앗기지 않았다는 뜻입니다.

강점을 중요시하는 기업은 개개인에게서 탁월한 성과를 이끌어낼 뿐만 아니라 직원들의 몰입도와 만족감을 높여 이직률을 업계 평균보다 낮게 유지합니다. 그리고 이러한 평판이 누적되면 채용 시장의 인재 전쟁에서도 유리한 고지를 차지할 수 있습니다.

강점 발견

강점을 살리는 잡 크래프팅

잡 크래프팅이란

팀에서 일을 하다 보면 주어진 일만 하는 사람이 있는 반면에 시키지 않은 일까지 나서서 하는 사람도 있습니다. 이렇게 자신의 직무를 자발적으로 다듬는 것을 잡 크래프팅Job Crafting이라고 합니다. 그렇다면 왜 사람들은 군이 시키지 않은 일을 할까요? 그건 자신의 일에서 의미를 찾고, 재능을 발휘하고 싶은 본능 때문입니다.

예일대에서 조직 행동을 연구하는 에이미 브제스니에프스키Amy Wrzesniewski 교수는 대학병원의 청소부들을 대상으로 인터뷰를 진행했습니다. 매일 어떤 일을 하고 있고, 일을 하면서 어떤 느낌을 받는지 물어본 뒤 이들을 크게 두 부류로 나누었습니다. 첫 번째 그룹은 무엇을 하는지 물었을 때 병원 청소부가 할 만한 일들을 그대로 읊었습니다. 그리고 이 일은 특별히 만족스럽지도 않고, 별다른 기술도 필요 없으며, 돈을 벌기 위한 일이라고 응답했습니다. 반면 두 번째 그룹은 완전히 다른 답을 내놓았습니다. 이 일은 의미 있고 즐거운 일이며, 고도의 기술이 필요하다고 대답했습니다. 참고로 이 두 그룹 간에 담당 구역이나 근무 시간, 누구와 소통하는지 등의 주변 환경은 차이가 없었습니다.

주목해야 할 점은 두 번째 그룹이 무슨 일을 하는지 물은 질문에 한 대답들입니다.

"나는 나이 든 분들이 병문안을 오시면 복잡한 비잔틴 양식의 병원 건물에서 헤매지 않도록 병실에서 주차장까지 모셔다 드린답니다. 그분들이 돌아가다 길을 잃을까 환자분들이 걱정하시거든요."

참고로 말하자면, 이런 행동은 청소부로서는 규칙 위반이며, 잘못하면 해고당할 수 있는 것이라고 합니다. 혼수상태 환자들의 병실이 있는 층을 담당하는 또 다른 청소부는 다음과 같이 대답했습니다.

"나는 정기적으로 병실에 걸린 액자들을 서로 바꿔줍니다. 어쩌면 주변 환경의 작은 변화에 자극을 받아서 환자들이 깨지 않을까 싶어서요."

액자를 바꿔 다는 것이 당신이 해야 할 일 리스트에 있냐고 묻자 이 사람은 이렇게 대답했습니다.

"그건 일로서 하는 게 아니에요. 나로서 하는 거예요."
(That's not part of my job, but that's part of me.)

일에 더 몰입하고, 더 만족하고, 일 안에서 회복과 충만함을 느끼기 위해 자신의 직무를 다듬어서 재능을 발휘하는 것이 바로 잡 크래프팅입니다. 일을 억지로 해야 하는 돈벌이로 바라보는 사람은 직무 설계에 의해 정해진 일만 합니다. 반면 일을 소명으로 받아들이는 사람은 시킨 일을 넘어서 본인이 자발적으로 해야 할 일을 찾습니다. 조직을 위해서, 상사를 위해서라기보다 그렇게 하는 것이 자기 자신을 더 행복하게 만들기 때문입니다. 일의 의미를 중시하는 사람은 단순히 같은 일을 다른 마음가짐으로 하는 것이 아니라 하는 일 자체가 다릅니다.

잡 크래프팅의 3가지 유형

잡 크래프팅에는 크게 3가지 유형이 있습니다. 첫 번째는 자기 과업을 조정하는 것task crafting입니다. 맡은 업무의 범위나 성격을 바꾸거나, 추가적인 업무를 맡는 것입니다. 이를 의도적으로 활용하는 대표적인 업체가 구글입니다. 업무 시간 중 20%는 본인의 아이디어를 자유롭게 구현하고 시도해볼 수 있도록 한 것이죠. 이 덕분에 지메일을 비롯한 많은 신사업이 탄생했습니다.

두 번째는 주변 사람들과의 관계를 조정하는 것relational crafting입니다. 카카오임팩트에서는 '100일 프로젝트'라는 것을 진행하고 있습니다. 물 마시기, 시 필사, 계단 오르기처럼 간단한 일들을 프로젝트 멤버들과 함께 100일간 꾸준히 하는 것이죠. 카카오톡 인증 방을 만들어 인증 사진을 올리며 서로 격려해주기도 합니다. 원래는 백영선 님이 카카오 동료들과 글쓰기를 꾸준히 하기 위해 시작한 것인데, 회차가 거듭될수록 프로젝트 종류도 많아지고 참여하는 사람도 늘어났습니다. 이 활동은 같은 회사지만 서로 모르던 사람들끼리 느슨한 연결고리를 만들어주었습니다.

이어 입소문이 퍼지고 사람들에게 긍정적인 영향을 미치게 되자 카카오 직원이 아닌 사람들에게도 100일 프로젝트의 문을 열어주기 위해 정식 서비스화 논의가 시작되었습니다. 결국 꾸준한 실천과 사회 기부라는 콘셉트가 합쳐져 사회공헌을 담당하는 카카오임팩트의 정식 서비스가 되었고, 백영선 님을 비롯하여 프로젝트 멤버로 참여하던 기획자나 개발자들이 실제 서비스 런칭까지 맡게 되었습니다. 이 역시 주변 지인들과 서로 격려해주는 관계를 만들려던 시도가 정식 사업으로 이어진 사례입니다.

세 번째는 인식을 재정의하는 것cognitive crafting입니다. 자기가 맡은 특정한 과업의 성격을 다르게 바라볼 수도 있고, 자신의 역할 자체를 재정의할 수도 있습니다. 미용·위생용품 브랜드 도브Dove는 2000년대 중반부터 '진정한 미Real Beauty' 캠페인을 벌여왔습니다.[8] 광고 모델들처럼 정형화된 이미지의 여성만이 아름다운 것이 아니라, 나이·국적·인종에 상관없이 지금 있는 그대로의 모습이 곧 아름다움이라는 캠페인이었습니다. 그래서 일반적인 광고 모델들이 아닌 다양한 일반 여성들의 모습을 캠페인에 담았습니다.

처음 기획 당시 진행했던 조사에서 단지 4%의 여성만 자신이 아름답다고 생각했다고 합니다. 도브의 마케터와 광고 에이전시는 광고 캠페인을 단지 판매를 늘리는 것만이 아니라 여성들의 자존감을 높이는 일로 만들었습니다. 캠페인에서 그치지 않고 아예 '진정한 미 펀드Real Beauty Fund'를 만들어서 학생들에게 자존감 교육을 하는 단체들과 거식증 환자 치료를 돕는 단체들을 지원했습니다. 이들은 아마도 자신의 직업적 정체성을 '도브의 브랜드 이미지를 높이고 매출을 올리는 사람'이 아니라 '세계 여성들의 외모에 대한 자존감을 높여주는 사람'으로 생각했을 것입니다.

앞서 언급했던 병원의 청소부도 업무를 재정의하는 데서 더 나아가 자신의 역할 자체를 '치유자healer'나 '환자와 가족들을 돌보는caring 사람'으로 정의했습니다. 자신의 명함에 쓰여 있는 공식적인 직함으로 자기 역할을 제한 짓는 것이 아니라 자신의 소명에 따라 어떤 역할을 맡을지 정의한 것입니다.

재능으로 잡 크래프팅 하기

잡 크래프팅은 일에 대한 몰입도를 높여주지만, 막상 직접 해보려고 하면 쉽지 않습니다. 자기가 하고 싶은 일이 무엇인지, 무엇을 더 해야 하는지 (혹은 다르게 해야 하는지) 떠올리기 막막하기 때문입니다. 태니지먼트에서는 이러한 잡 크래프팅을 '재능을 활용하고 싶은 욕구의 표현'이라 해석합니다. 여러분이 가진 욕구에서부터 출발하면 좀 더 쉽게 잡 크래프팅을 할 수 있습니다.

우선 여러분의 6가지 재능들을 표에 쭉 적으세요. 그리고 각각의 재능들을 지금 업무 중에 얼마나 자주 활용하고 있는지에 따라 점수로 표시합니다.

잡 크래프팅 – 재능 채점표

		지금 나는 재능을 얼마나 사용하고 있을까요?				
1		1 2 3 4 5	4		1 2 3 4 5
2		1 2 3 4 5	5		1 2 3 4 5
3		1 2 3 4 5	6		1 2 3 4 5

점수 기준
5: 나는 매일 이 재능을 업무 중에 활용하고 있다.
4: 나는 매주 적어도 한 번은 이 재능을 업무 중에 활용하고 있다.
3: 나는 매월 한두 번 이 재능을 업무 중에 활용할 기회가 있다.
2: 나는 분기·반기에 한두 번 이 재능을 업무 중에 활용할 기회가 있다.
1: 나는 최근 6개월간 업무에서 이 재능을 활용한 기억이 없다.

아마 일부 재능들은 5점이나 4점으로 표시되고, 어떤 재능은 3점 이하의 점수를 받았을 것입니다. 4~5점이 하나도 없다면 본인의 강점을 현재 업무에서 전혀 사용하지 못하는, 잡 크래프팅이 시급한 상황입니다. 그만큼 몰입도나 회사에 대한 만족도도 떨어져 있을 가능성이 높습니다. 반면에 3점 이하가 하나도 없다면 지금 맡은 업무가 본인에게 잘 맞는다고 느끼고 있을 가능성이 높으며, 잡 크래프팅의 필요성도 별로 느끼지 못할 것입니다.

잡 크래프팅은 상대적으로 점수가 가장 낮은 재능부터 출발하면 됩니다. 지금 충분히 활용하고 있지 못한 재능을 업무 중에 좀 더 활

강점 발견

용하려면 어떤 새로운 업무를 제안할 수 있을까요? 혹은 지금 하고 있는 일의 방법을 어떻게 바꿔야 재능을 좀 더 활용할 수 있을까요?

'공감'에 재능이 있는 어떤 채용 담당자는 자신의 업무에서 이 재능을 사용하고자, 지원자가 느낄 불안함이나 초조함, 불합격했을 때의 실망감을 최대한 줄일 수 있도록 채용 프로세스 전반과 지원자에게 전달되는 여러 메시지를 검토하겠다고 제안했습니다. '정보 수집'의 재능이 있는 전략기획 팀원은 주기적으로 경쟁사 정보를 수집하여 시사점을 정리하는 과업을 스스로 제시했죠. 이렇게 충분히 활용하고 있지 못한 자신의 재능에서부터 시작한다면 조금 더 쉽게 잡 크래프팅 아이디어를 떠올릴 수 있습니다.

리더로서의 업무 관리

잡 크래프팅은 어찌 보면 개인의 재능 발휘에 관한 이야기입니다. 그런데 왜 개인의 강점과 재능을 논한 1부에서 다루지 않고 팀의 강점 활용 맥락에서 이야기를 꺼냈을까요? 그것은 설령 잡 크래프팅을 할 방법을 찾았다고 하더라도 개인의 의지만으로는 어려울 수 있기 때문입니다. 잡 크래프팅에 성공하려면 이를 허용하는 팀의 문화와 리더십이 필요합니다.

만약 여러분이 재능을 발휘하기 위해 새로운 업무나 일하는 방식의 변화를 제안했는데, 팀장이 "쓸데없는 생각 말고 시킨 일이나 똑바로 해!"라고 반응한다면 기분이 어떨까요? 아마 여러분뿐만 아니라 팀 전체가 잡 크래프팅을 포기하고 팀장 눈치만 보게 될 것입니다. 이런 팀 분위기에서는 강점 활용은 와닿지 않는 먼 이야기에 그칠 뿐이죠.

여러분이 팀장이라면 지금 여러분의 팀원들은 잡 크래프팅을 할 수 있는 상황일까요? 팀원들은 지금 강점과 재능을 충분히 활용하고 있을까요? 앞서 예시로 든 페이스북은 잡 크래프팅의 수준을 극단적으로 높인 사례입니다. 입사한 직원이 자기가 일하고 싶은 팀을 선택한다는 것은, 결국 본인이 가진 재능·경험·지식으로 개발한 강점을 가장 잘 활용할 수 있는 일을 맡는다는 뜻이기 때문입니다.

《리더십 챌린지》의 저자 제임스 쿠제스James Kouzes와 배리 포스너Barry Posner 산타클라라 대학교 교수들의 연구에 따르면, 새롭고 혁신적으로 일을 시도할 수 있게 격려하는 리더와 일하는 구성원들은 업무상 필요하다면 더 늦게까지 남아 열심히 일할 의향이 94%까지 증가한다고 합니다. 잡 크래프팅을 허용하는 팀장과 함께라면 회사에 헌신할 의향이 그만큼 증가한다는 의미인 것이지요. 반대로 새롭고 혁신적인 시도를 허용하지 않는 팀장을 위해서는 헌신할 의향이 5%까지 감소했습니다.

여러분의 팀원들이 책임감과 주인의식이 부족해 보이거나 동기가 떨어져 보인다면 단순히 세대 차이에서 오는 문제라고 치부해서는 안 됩니다. 팀원에게 자신의 강점을 충분히 활용할 수 있는 잡 크래프팅의 공간이 허용되는지를 반드시 확인해야 합니다. 개개인이 팀의 성과에 어떻게 기여할지 논의할 때, 다음에 설명할 팀 다이어그램이 도움이 될 수 있습니다.

강점 발견

팀 다이어그램의 이해

한눈에 보는 팀의 강점과 약점

팀에서 강점을 활용하기 위한 첫걸음은 팀원의 강점을 인식하고 관리하는 것입니다. 팀원들의 태니지먼트 휠을 하나씩 검토할 수도 있고 강점이나 재능을 별도의 표로 정리할 수도 있겠지만, 태니지먼트에서는 좀 더 직관적으로 팀의 강점과 약점을 파악하는 방법을 제공합니다. 바로 '팀 다이어그램'입니다. 팀 다이어그램에서는 다음의 그림처럼 팀원들의 태니지먼트 휠을 하나의 그래프로 겹쳐서 보여 줍니다.

팀 다이어그램 예시 1

팀 다이어그램의 장점은 우리 팀이 어떤 영역에 강점이 있는지, 어떤 영역이 부족한지 한눈에 파악할 수 있다는 것입니다. 앞의 다이어그램은 세 명의 팀원으로 구성된 팀을 예시로 그린 것입니다. 각각 노란색, 주황색, 회색으로 표현된 세 팀원의 태니지먼트 휠이 있고, 평균값이 분홍색 점선으로 표현되어 있습니다.

이 팀은 '평가와 탐구'에 강점이 있어 보입니다. 반면에 '동기부여·외교·추진'은 상대적으로 부족함을 알 수 있습니다. 다이어그램만으로 추정하자면, 이 팀은 여러 대안에 대해 깊게 생각하고 객관적으로 평가하는 데 강점이 있습니다. 탐구와 평가까지만 강하고 추진이 없는 것으로 보아 R&D 부서일 가능성이 높습니다. '완성' 강점도 어느 정도 높기 때문에 다른 팀이 우선 일을 추진하고 진행해놓으면 일의 완성도를 높이는 역할도 맡을 수 있죠. 다만 성향상 다른 팀과의 소통을 어려워할 수 있으니 현재의 구성에서는 가급적 완결성 있는 일을 담당하는 것이 좋습니다. 이 팀에서 주황색 팀원은 특히 중요합니다. 팀이 난관에 빠졌을 경우 사기를 북돋아줄 수 있는 유일한 팀원이기 때문입니다. 어려운 순간에 동기부여해줄 팀원이 없다면 한순간에 팀이 붕괴될 수 있습니다. 다만, 이러한 기여를 나머지 팀원들이 인정해주지 않을 수 있고, 심하면 쓸데없는 데 시간을 낭비하고 있다고 여길 수도 있습니다.

팀 다이어그램은 팀의 전체적인 모습을 파악하기에 적합합니다. 팀원 수가 적을 때는 팀원 한 명 한 명의 강점을 이해하는 용도로도 사용할 수 있습니다. 다만, 팀원 수가 많아지면 개별 팀원의 강점을 눈으로 따라가기 어려울 수 있습니다.

팀 다이어그램으로 각 팀원이 성과에 어떻게 기여해야 하는지 자연스럽게 논의를 시작할 수 있습니다. 아래 다이어그램을 예로 들어 보겠습니다.

네 명으로 구성된 팀입니다. 노란색과 주황색 팀원이 주로 일을 추진해야 하고, 파란색 팀원은 일의 완성도를 높여야 합니다. 파란색과 노란색 팀원이 여러 대안에 대해 자료를 수집하고 깊게 생각한다면, 논리적으로 평가하고 결정을 내리는 것은 그나마 '평가' 강점이 있는 회색 팀원이 맡는 것이 좋습니다. 팀에 새로운 아이디어를 제시하는 것은 주로 회색과 노란색 팀원일 것입니다.

팀 다이어그램 예시 2

이 팀에서 동기부여는 누가 맡는 것이 좋을까요? 네 명의 '동기부여' 강점은 모두 비슷합니다. 이럴 때는 우선 우리 팀에 동기부여의 문제가 생길 수 있음을 먼저 인지하고, 십시일반 하는 마음으로 서로가 조금씩 동기부여에 신경을 쓰는 것이 좋습니다. 동기부여에 탁월한 강점이 있는 사람이 없으니까요. 만약 그런 노력에도 불구하고 팀에 동기부여 문제가 생긴다면 이에 강점이 있는 동료를 새로 채용하거나, 다른 부서와의 인사이동을 통해서 충원하는 것이 좋습니다.

팀 다이어그램을 해석할 때 한 가지 주의할 점은, 태니지먼트 휠이 강점의 개발 정도를 보여주는 것은 아니라는 점입니다. 예를 들어, 위 그림에서 회색 팀원이 사실 신입사원이라면 평가 업무를 맡길 수 있을까요? 잠재력은 있을지 몰라도 평가에 필요한 여러 경험이나 지식이 축적되어 있지 않을 가능성이 높습니다. 이런 상황에서는 회색 팀원에게 평가 업무에 대한 책임과 권한을 모두 부여하는 것보다 경험이 있는 상급자에게 그 일을 맡기되, 회색 팀원이 같이 참여해서 평가 과정에 기여하고 노하우를 배울 수 있게 해주는 것이 더 바람직할 것입니다.

팀 다이어그램은 어떤 팀원이 어떤 업무를 맡아야 할지 결정해주는 답안지가 아닙니다. 리더가 혼자서 팀 다이어그램을 보고 배분하기보다 성과목표를 설정하는 단계에서 팀원들이 함께 모여 논의하는 것이 좋습니다. 현재 이미 맡고 있는 과업과 서로의 강점 개발 정도까지 고려하여 다각적으로 논의할 수 있고, 리더가 정해준 대로 따르는 것이 아니라 각자 팀에 어떻게 기여하고 싶은지 이야기함으로써 주도성과 책임감도 높일 수 있기 때문입니다. 팀 내에서 이런 논의가 시작될 때, 팀원 개개인이 잡 크래프팅할 수 있는 공간도 점점 넓어질 것입니다.

팀 다이어그램을 놓고 서로 어떤 기여를 해야 할지 논의하고 나면 이를 역할 기술서의 형태로 정리할 수 있습니다. 역할 기술서Role Description란, 무슨 업무를 해야 할지 정의하는 업무 기술서Job Description와 달리, 어떤 역할을 맡아야 하는지를 정의하는 문서입니다. 업무 기술서가 일하는 방법how에 대한 문서라면, 역할 기술서는 왜why 그 일을 해야 하는지 이유에 대한 문서에 가깝습니다. 그리고 여기에 기술된 역할을 실제 수행하는 방법에 있어서는 각 팀원에게 자율권이 부여됩니다. 역할 기술서는 크게 5가지 파트로 나뉘어 있습니다.

강점 인식   나의 강점들을 업무에서 활용하여 성과를 낸 경험이나, 앞으로 어떻게 강점을 활용할지에 대해 적습니다.

팀 역할   강점을 활용하여 팀워크에 주도적으로 기여할 영역, 즉 리더십 · 협력 · 책임 등을 적습니다.

혁신과 개선   강점을 활용하여 팀의 혁신과 개선에 어떻게 기여할 것인지 적습니다.

성장   강점을 개발하기 위해 스스로 어떤 노력을 기울일 것인지 적습니다.

도움   자신의 강점을 더 개발하고 활용하는 데 팀이나 리더의 도움이 필요한 부분을 적습니다.

역할 기술서

강점 인식(강점을 업무에서 활용했던 경험이나 새롭게 발견한 특징)

나는 조정 강점을 활용하여, 다양한 시간 관리 도구를 개발하고 응용해 팀의 인정과 스케줄을 관리하는 역할을 맡아왔다.
나는 단순화 재능을 활용하여 복잡한 상황을 명확하고 중요한 것으로 추려내는 사람이다.

팀 역할(리더십, 협력, 책임)	**혁신과 개선**(문제해결, 고객 반응)	**성장**(자기계발, 기술개발)
동기부여를 활용하여, 다른 사람들의 사기를 높이는 역할을 할 수 있다. 양성 재능을 활용하여, 직원들의 성장을 위한 학습 조직을 만들어 돕고 싶다.	미래 예측을 활용해 우리 팀이 하고 있는 일이 좋은 방향으로 가고 있는지 생각해보고, 새로운 비즈니스 모델을 구상하겠다. 창의 재능을 활용하여 새로운 지표의 상관관계를 분석하고 역량 개발 가이드북을 새롭게 만들어보고 싶다.	사교를 활용하여 디자인 업무와 관련된 고민이 있는 사람들의 네트워크 모임을 만들겠다. 전략 재능을 개발하려면 다양한 사례 연구가 필요하다. HBS 사례 연구를 매주 하나씩 읽고 정리하자.

도움(리더의 도움이 필요한 것)

나의 창조 강점을 잘 활용하기 위해서는 현재 팀의 다양한 정보들이 필요한데, 관련된 업무가 아니더라도 가끔 다른 사람들이 하는 업무 회의에 참여할 수 있는 기회가 있었으면 좋겠다.
다만, 다른 사람의 객관적인 평가 도움이 있다면 조금 더 실용적인 가치를 만들어낼 수 있다.

역할 기술서 예시

 역할 기술서에서 '팀 역할'과 '혁신과 개선'에 해당하는 내용이 바로 잡 크래프팅입니다. 특히 이렇게 팀 차원의 역할 분담 논의를 통해 잡 크래프팅 하는 과정을 협력적 잡 크래프팅Collaborative Job Crafting이라 합니다. 협력적 잡 크래프팅은 개인 차원의 잡 크래프팅보다 장점이 많습니다.

 우선 훨씬 우호적인 분위기 속에서 잡 크래프팅을 유도할 수 있습니다. 아무 맥락 없이 누군가 새로운 일을 시도해보겠다고 손을 드는 것은 상당한 용기가 필요한 일입니다. 그래서 잡 크래프팅 사례의 상당수는 동료나 상사 모르게 일어납니다. 그러나 협력적 잡 크래프팅은 대담한 용기가 없어도 잡 크래프팅을 시도해볼 수 있는 분위기를 만들어줍니다.

또 경력이 짧아 어떤 일을 새로 시도하면 좋을지 잘 모르는 사람들에게도 도움이 됩니다. 개인의 강점을 발휘하면서도 성과로 이어지게 하려면 어떤 일을 할 수 있을지 주변 팀원과 리더가 조언해줄 수 있기 때문입니다. 어린이집 교사를 대상으로 한 연구 결과에서도 특히 경력이 짧은 교사일수록 협력적 잡 크래프팅을 통한 개선 효과가 큰 것으로 나타났습니다.

역할 기술서는 팀원들이 매일 출근해서 어떤 일에 가장 에너지를 쏟아야 하는지에 대한 기준이 되며, 8장에서 소개할 리더와의 강점 대화에서도 활용됩니다.

제7장

리더십 스타일과
조직문화 유형

강점으로 조직문화 추론하기

지금까지 개인 차원에서의 자기계발과 팀 단위의 업무 관리 관점에서 강점을 살펴보았습니다. 그런데 강점과 조직문화는 어떤 관계에 있을까요? 조직문화를 조직의 성격이라 생각한다면, 개개인의 강점을 합한 것과 조직문화 사이에 연관성이 있지 않을까요?

실제 컨설팅 사례를 이야기해볼까 합니다. 직원이 약 200명 정도되는 중견 IT 회사였는데, 리더들의 메시지가 전 직원에게 잘 전달되지 않는 것 같다는 이유로 컨설팅을 의뢰해 온 것이었습니다. 이 회사는 사내 전체 메일은 물론이고 다양한 커뮤니케이션 도구까지 쓰고 있었는데도 소통에 문제가 생겼습니다. 문자 그대로 정보가 조직의 말단까지 잘 전달되지 않았고, 그러다 보니 업무 추진이나 변화가 늦어진다는 부차적 문제로 위기를 겪고 있었지요.

절반 이상의 직원이 여러 고객사에 흩어져 프로젝트를 하는 회사였기에 처음엔 물리적인 거리 문제라고 생각했습니다. 그런데 전 직원을 대상으로 태니지먼트 진단을 해보니 특이한 점이 발견되었습니다.

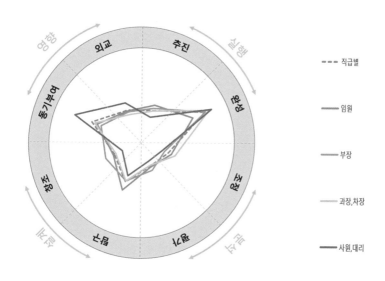

모 회사의 태니지먼트 진단 사례

전체적으로 완성은 높은 반면 외교·추진·평가와 창조가 낮게 나타났으며, 특히 회사의 허리급이라 할 수 있는 과장에서 차장급의 외교가 눈에 띄게 낮았습니다. 애초에 외교적이지 않은 사람들이 물리적으로도 떨어져 있으니 정보 흐름이 중간에 끊길 수밖에 없었던 것입니다. 게다가 추진은 약한데 완성이 높으니, 결과물에 대한 고객의 만족도는 높지만 진행 과정에서 진척 이슈도 자주 발생했죠.

이 회사에서 컨설팅을 의뢰한 원래 의도는 여러 인사제도나 관행practice을 손봄으로써 소통과 업무 추진 속도를 높여달라는 것이었습니다. 하지만 여러 소통 채널이 이미 무용지물인 상황에서 제도로 이를 해결하는 것이 빠를까요, 외교와 추진을 갖춘 인재들을 수혈해 정보 흐름이 막히는 영역에 배치하는 것이 빠를까요?

—과장~차장
—부장
—사원~대리
—임원

자신감 확신 용기 배움 절제 긍정 진정성 책임 공정 배려 관용 겸손

모 회사의 태도 진단 사례

태도 진단 결과도 보면 임원급은 용기가 높고 절제가 낮아 의사결정을 빠르게 내리는 (혹은 뒤집는) 반면, 실제 추진해야 하는 과장·차장급 이하는 용기와 확신이 낮게 나타났습니다. 그러니 지시받은 내용에 대해 '이게 정말 될까?' 하고 의심하는 사람이 생기고, 그래서인지 긍정도 유독 낮게 나타났습니다.

이렇게 구성원들의 강점과 태도만 모아놓아도 이 회사에서 정보가 흐르고 일이 진행되는 분위기가 어떨지 기초적인 추론이 가능합니다. 물론 조직문화에 영향을 미치는 요소는 개개인의 강점과 태도만 있는 건 아닙니다. 조직문화를 좀 더 정밀하게 진단하는 이론에는 어떤 것이 있는지 살펴보겠습니다.

조직 유효성의 변수

조직 유효성, 리더십과 조직문화의 관계

조직이 얼마나 잘 돌아가고 있는지를 학문적으로는 조직 유효성organization effectiveness이라고 표현합니다. 조직 유효성을 어떻게 정의하고 측정할 수 있을 것인가에 대해서는 학자마다 다양한 의견이 있습니다. 미네소타 대학에서 산업 및 조직심리학Industrial and Organizational을 가르치는 존 P. 캠벨John P. Campbell 교수는 조직 유효성이나 성과에 대한 여러 연구들을 분석하여 조직 유효성의 측정 기준으로 자주 언급되는 지표들을 재무적 특성·행동적 특성·관리적 특성으로 분류하였는데,

분류된 지표의 수가 30개나 됩니다.

학자들이 조직 유효성을 측정하려 하는 이유는 조직 유효성 그 자체보다 어떤 요소들이 조직 유효성에 영향을 미치는지 알기 위해서입니다. 이를 함수로 표현한다면 아래와 같을 것입니다.

$$f(?) = 조직 \ 유효성$$

여기서 "?'에 해당하는 변수로 무엇이 들어갈지에 대해 많은 학자들이 자신만의 가정을 세워 연구를 진행했습니다. 리더십과 조직문화도 그중 하나입니다. 그런데 1900년대 중반까지도 리더십을 연구하는 학자들과 조직문화를 연구하는 학자들이 서로 달라서, 이 당시 학자들의 연구를 함수로 표현하자면 다음과 같습니다.

$$f(리더십) = 조직 \ 유효성 \ 또는 \ f(조직문화) = 조직 \ 유효성$$

그런데 이 함수의 의미를 곰곰이 생각해보면 뭔가 모순이 있음을 알 수 있습니다. 이 함수가 성립한다면 어떤 조직에나 통용되는 최고의 리더십이 존재하며, 모든 조직에 적합한 최선의 조직문화가 존재한다는 뜻이기 때문입니다. 국내 대기업들의 강압적인 분위기와 대조되는 실리콘밸리 기업들의 모습이 많이 부각되면서 어떤 회사에나 어울리는 리더십이나 조직문화가 실제로 존재한다고 여기는 사람도 있을 수 있습니다. 하지만 저 함수의 의미는 모든 '기업'이 아니라 모든 '조직'에 어울리는 리더십과 조직문화가 존재한다는 뜻입

강점 발견

니다. 정부, 군대, 학교, 기업 할 것 없이 모든 조직에 말입니다.

여기서 컨틴전시 이론Contingency theory이 등장하게 됩니다. 컨틴전시 이론은 한마디로 '조직 유효성이 어느 한 변수에 따라 달라지는 것이 아니라 둘 혹은 그 이상의 변수들의 적합성의 결과'라는 뜻입니다. 이를 다시 함수로 표현하면 아래와 같습니다.

$$f(g(리더십, 조직문화)) = 조직 유효성$$

여기서 g( )는 리더십과 조직문화의 적합성을 판단하는 함수입니다. 둘 사이의 적합성을 통계적으로 분석하려면 우선 리더십과 조직문화 각각을 유형화하고 점수화하는 작업이 필요합니다. 이러한 작업의 대표적인 사례를 살펴보도록 하겠습니다.

퀸의 경쟁적 가치 접근법

로버트 퀸Robert Quinn은 미시건 대학교에서 변화 관리와 조직 유효성을 연구하는 학자입니다. 퀸은 캠벨이 제시한 조직 유효성을 측정하는 30여 가지의 기준을 다시 세 가지 축으로 범주화하였고, 그중 두 가지 축을 가지고 크게 네 개의 조직 유형을 정의했습니다.

첫 번째 축은 조직의 초점organization focus이 내외부 어디에 있는가입니다. 초점이 내부에 있는 조직은 구성원의 발달과 번영에 집중하는 반면, 초점이 외부에 있는 조직은 조직 자체의 성장과 번영에 집중합니다. 두 번째 축은 조직의 구조organization structure가 통제와 유연 중 어느 것을 강조하는가입니다. 두 축으로 조직문화의 유형을 나눠보면 다음과 같습니다.

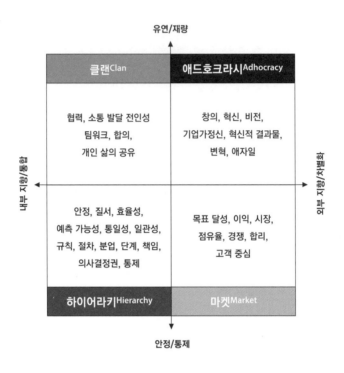

조직문화의 유형

이중 가장 먼저 나타난 것은 위계적인 하이어라키Hierarchy 문화입니다. 1900년대 초반 베버Weber의 관료제가 등장하고 조직의 규칙과 절차, 통제를 중시하는 조직들이 나타났습니다. 조직의 안정성과 효율, 예측 가능성을 중요시하며, 각자 자기가 맡은 일을 전문적으로 하면(분업·전문성) 성과가 나도록 구조가 짜여 있습니다. 헨리 포드 Henry Ford의 컨베이어 벨트를 떠올리면 이해가 쉬울 것입니다. 지금도

강점 발견

정부나 군대는 이러한 모습을 보이며, 맥도날드처럼 수많은 지점으로 이루어진 조직은 하이어라키 문화인 경우가 많습니다.

1900년대 중반에는 성과를 중시하는 마켓Market 문화가 등장합니다. 여기서 중요한 키워드는 거래transaction입니다. 이 문화에서 조직은 공급자·소비자·노동조합·정부 등 다양한 이해관계자와 거래를 하며 결국 이윤을 남기는 것을 목적으로 삼습니다. 목표 달성과 시장 점유율을 중요시하며, 거래를 유지하려면 경쟁사에게 승리해야 합니다. 그러다 보니 직원들에게도 차등화된 성과급으로 동기부여하며, 직원들끼리 혹은 내부 팀끼리도 경쟁을 시키는 경우가 많습니다. 각 부문에서 1~2위가 아니면 사업부를 매각하거나 접는 것으로 유명했던 잭 웰치Jack Welch의 GE가 마켓 문화의 대표적인 사례입니다.

그러다 1960~1970년대 혜성처럼 일본 기업들이 등장하더니 미국 기업들을 앞지르기 시작합니다. Z이론으로 유명한 오우치Ouchi를 비롯 여러 학자들이 일본 기업들을 연구하면서, 하이어라키 문화나 마켓 문화의 미국 기업들과 근본적으로 다른 점들을 발견합니다. 일본 기업은 공유가치·결집·참여·집단주의의 모습을 나타냈습니다. 이러한 클랜Clan 문화에서는 협력과 참여, 합의, 로열티가 강조되며 규칙과 절차로 통제하는 대신 구성원과 조직이 서로에게 헌신하는 사회적 합의가 이루어집니다. 구성원의 성장과 자율성을 존중하여 통제 중심의 하이어라키 문화나 마켓 문화에 비해 구성원에게 의사결정이 많이 위임됩니다. 공장의 작업자도 자기 일을 어떻게 개선할 수 있을지 아이디어를 내던 토요타 같은 회사들을 클랜 문화의 예라고 볼 수 있습니다.

이후 정보화 시대가 오면서 새로운 유형의 회사들이 등장합니다. 빠르게 변화하는 환경 속에서 혁신과 창의성이 가장 중요한 가치로 부각됩니다. 전 세계 사람들을 서로 연결하겠다는 페이스북처럼, 어려운 문제를 기술로 해결하여 세상을 변화시키는 비전 제시와 기업가정신도 강조되지요. 이러한 조직에서는 사람들이 프로젝트 팀을 이뤄 어떤 문제를 해결한 뒤, 다시 다른 문제를 해결하기 위해 흩어집니다. 이렇게 문제해결에 최적화된 임시적·전문적·동적인 문화를 애드호크라시Adhocracy 문화라고 합니다. NASA가 처음 로켓을 쏘아 올리는 과정도 중앙 통제적이 아니라 문제해결 팀 위주로 돌아갔다고 하며, 지금 실리콘밸리의 여러 기업들처럼 애자일agile 방식을 강조하는 조직들이 애드호크라시 문화라 볼 수 있습니다.

4가지 유형의 문화는 어느 하나가 다른 것보다 우월하다고 할 수는 없습니다. 조직이 속한 산업과 리더십 스타일, 더 크게는 조직이 속한 국가의 문화에 따라 적합한 유형이 다른 것이죠. 이 프레임 워크를 경쟁적 가치 접근법Competing Values Approach이라고 부르는 이유는 각 축의 양 끝단에 있는 가치들이 마치 동시에 가질 수 없으면서도 모두 조직에 필요한 것 같은 모순적인 관계에 있기 때문입니다. 퀸은 조직문화의 유형을 간단한 설문으로 조사하는 방법을 제시하면서, 기업의 문화를 이 4가지 유형 중 하나로 분류하는 것이 아니라 각 문화의 요소를 어느 정도 가지고 있는지 그래프로 표현합니다. 마치 성격에서의 특질 이론처럼 말입니다. 예를 들어, 앞서 사례로 소개한 중견 기업은 문화 진단에서 다음과 같이 하이어라키와 마켓 쪽으로 살짝 치우친 결과가 나왔습니다.

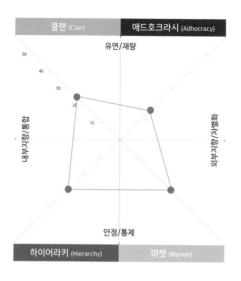

조직 문화 분류 그래프 예시

　조직문화는 조직의 성장 단계에 따라서도 변화합니다. 대부분의 스타트업들은 처음에 고객의 특정한 불편함을 해결하기 위한 애드호크라시 조직으로 출발합니다. 그러다 어느 단계가 지나면 회사의 비전에 공감하는 구성원들과 고객들이 일종의 마니아처럼 뭉치는 클랜 문화로 옮겨 가죠. 회사 티셔츠를 입고 다니며 회사 로고 스티커를 이곳저곳에 붙이고 다니는 사람들을 떠올리면 이해가 쉬울 겁니다. 조직이 성장하고 인원이 급격하게 늘어나면 비전과 가치만으로 사람들을 응집시키기 어려워집니다. 또한 누가 무엇을 하고 있는지 파악이 잘 안 되고, 정보가 분절되는 현상이 발생합니다. 이때부터 그룹웨어를 도입하고 회사의 여러 규칙과 규율 및 절차를 세우는 작업이 시작되면서 점점 하이어라키 문화로 흐릅니다. 성장 단계를 지나 어느 정도 안정화된 기업은 구성원들을 동기부여하기 위해 더욱 정교한 평가 제도를 만들고 차별적인 성과급을 제시합니다. 마켓 문화로 옮겨 가는 것입니다.

이 단계가 되면 조직은 상당히 무거워집니다. 시장 변화에 적응이 느리고, 창의성과 혁신보다는 기존의 틀 안에서 경쟁하는 분위기가 강해집니다. 그런데 한번 그래프의 무게중심이 아래쪽(안정/통제)으로 내려와버리면 다시 위로 올라가기 쉽지 않습니다. 사람의 성향 때문으로, 리더들이 혁신과 창의를 외치면서 본인이 가진 통제 권한은 놓지 않으려 하는 모순이 발생합니다.

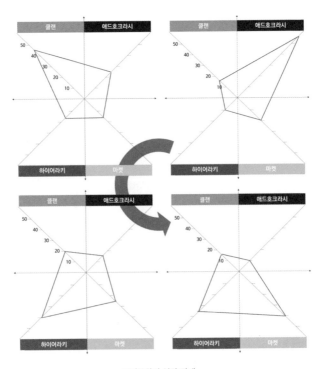

조직문화의 성장 단계

강점 발견

또 어떤 경우엔 회사 초창기의 애드호크라시를 떠올리며 "처음으로 돌아가자, 초창기 모습으로 돌아가자!"는 이야기를 외치기도 합니다. 하지만 조직원에게는 이러한 메시지가 와닿지 않습니다. 조직이 커진 후에 입사한 사람들은 초창기 모습이 어땠는지 공감도 되지 않고, 온갖 제도와 프로세스가 이미 자리 잡고 있을 테니 말입니다.

이미 커져버린 조직이 애드호크라시 모습을 되찾으려면 지금의 조직문화 중에 어떤 부분을 포기하고 어떤 부분을 새로 받아들일지 구체적으로 정의하는 과정이 필요합니다. 태니지먼트는 퀸의 조직문화 진단 설문을 바탕으로 좀 더 간단하게 조직문화 워크숍을 진행할 수 있는 '태니지먼트 조직문화 진단 카드'를 개발했습니다(조직문화 워크숍이 궁금한 분들은 '부록2 태니지먼트 리포트 및 교육/서비스 소개'를 참고해주세요).

조직문화 유형에 따른 8가지 리더십 스타일

퀸은 여기서 그치지 않고 각 조직에서 어떤 리더십 역할이 효과적일지 한 단계 더 파고들었습니다. 각 조직문화 유형에서 요구되는 리더십 유형을 두 가지씩 정의한 것입니다.

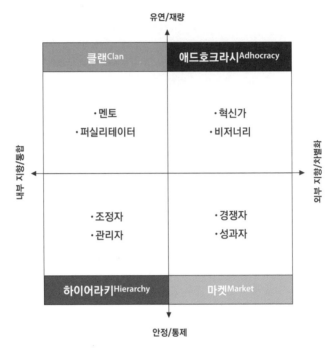

조직문화별로 요구되는 리더십 유형

조직문화 유형과 리더십 스타일이 서로 적합할 때, 조직 유효성이 높아집니다. 즉, 리더십은 어떤 특정 스타일이 항상 바람직하다기보다는 내부/외부지향, 유연/통제 관점에서 조직이 어떤 상황인지에 따라 요구되는 리더십 스타일이 다른 것입니다. 그리고 조직이나 구성원의 상황은 항상 변하기 때문에, 리더는 한 가지 스타일을 고수하기보다 조직의 변화에 따라 리더십 스타일을 바꿀 필요가 있습니다.

한편, 강점도 리더십 스타일에 영향을 줍니다. 리더로서 본인이 가진 재능과 태도를 가장 자연스럽게 발휘할 경우 발현되는 모습이

강점 발견

있기 때문입니다. 예를 들어, '공감·양성·친밀·회고'의 재능과 '관용·배려·긍정' 등의 태도가 높은 리더는 멘토로서의 모습을 보일 가능성이 높습니다.

　이상의 내용을 종합해보면 강점과 태도, 리더십 스타일과 조직문화 유형의 관계는 아래와 같이 표현할 수 있습니다.

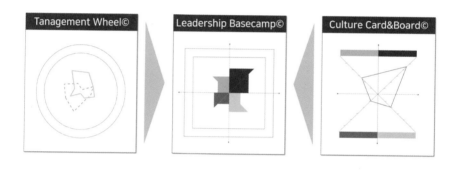

강점과 태도, 리더십 스타일과 조직문화 유형의 관계

　그럼 8가지 리더십 스타일은 각각 어떤 것인지 살펴보겠습니다.

멘토는 사람들과 공감하고 필요를 채워주는 리더입니다. 팀원들과 상호 존중과 신뢰의 관계를 구축하여 사기와 헌신을 이끌어냅니다. 당장의 성과보다 팀원들의 성장을 추구하기에, 코칭을 위한 시간을 기꺼이 마련하며 팀원들이 성장할 때까지 기다려줍니다.

대표적인 멘토로 교세라의 창업자이자 일본항공JAL 회장이었던 이나모리 가즈오稻盛和夫를 들 수 있습니다. 이나모리는 저서 《왜 일하는가》에서 일하는 이유를 '내면을 키우기 위해'라고 정의합니다.

그는 평범한 사람이 전혀 다른 삶을 살려면 무엇이 필요한지 '인생 방정식'을 제시하고 교세라 직원 모두에게 가르쳤습니다.

인생과 일 = 능력 × 열의 × 사고방식

여기서 '능력'은 타고난 것으로, 태니지먼트에서는 재능이라 볼 수 있습니다. '열의'는 후천적인 것으로, 재능에 노력이 쌓여야 강점이 됨을 의미합니다. 사고방식은 세상을 바라보는 태도입니다. 특히 이나모리 가즈오는 긍정적인 사고방식을 강조하는데, 부정적인 사고는 인생 방정식 자체를 음수(-)로 만들기 때문입니다. 단순히 어떻게 하면 일을 잘할 수 있을지 가르치는 것이 아니라 인생을 바라보는 관점에 대해 이야기하는 리더입니다.

이나모리 가즈오가 쓴 책은 국내 번역된 것만도 스무 권이 넘습니다. 또 자신의 경험과 철학을 다른 경영자들과 나누기 위해 세이와주쿠盛和塾 경영자 학교를 36년이나 운영했습니다. 이러한 모습 또한 그의 멘토적인 면을 잘 나타내줍니다.

멘토 스타일의 특징

연관 재능	양성, 공감, 친밀, 회고
연관 태도	관용, 배려, 긍정, 진정성, 겸손, 확신
긍정적 발현	팀원들의 성향을 잘 파악한다. 어떤 강점을 가지고 있는지, 어떤 태도를 보완해야 하는지 관찰하고 적절한 역할을 부여한다. 팀원들과 일대일로 이야기를 나누며, 업무 외적으로도 어떤 관심사와 어려움이 있는지 두루 살핀다. 팀원들은 리더를 신뢰하며 팀을 위해 기꺼이 희생한다. 팀에 자율성을 부여하며, 목적을 소통하고, 필요할 때 도움을 제공하되 일하는 방법을 일일이 지시하지 않는다. 팀원들은 자율적으로 일하는 방법을 선택할 수 있고, 문제가 생기면 리더의 조언을 구한다. 팀원들의 성장을 돕는다. 사람들을 성장시키는 데서 즐거움을 느끼고, 듣고 싶은 말보다 들어야 할 말을 해준다. 팀원 양성을 본인의 공식적인 역할 중 하나로 받아들이고 코칭에 기꺼이 시간을 투자한다.
부정적 발현	일을 명확하게 지시하지 않는다. 상황과 상대에 따라 질문할 때와 지시할 때를 구분해야 하는데 누군가에게 지시하는 것 자체를 부담스럽게 여긴다. 이 경우 팀원은 명확하게 지시하지 않는 리더에게 답답함을 느낄 수밖에 없다. 행동이 아니라 말로 가르치려 한다. 사람은 성공의 경험 속에서 가장 빨리 성장하는데도 불구하고, 항상 일 잘하는 법을 말로만 설명한다. 본인의 역할을 사람에 관한 것으로 한정 짓고 팀 본연의 성과에 책임감을 느끼지 않는다. 사람에 대한 의사결정을 지체할 수 있다. 팀 분위기에 명백하게 해를 끼치는 사람을 좋게 타이르기만 하고 방치한다. 부정적인 피드백 전달을 부담스러워하며 결단을 내리지 못한다. 같은 문제를 반복하는 사람에게 두세 번 기회를 주는 동안 나머지 팀원들은 점점 지쳐감을 모른다.

퍼실리테이터는 사람과 프로세스 중심의 리더입니다. 여기서 말하는 프로세스는 일하는 방법이 아니라 소통과 의사결정의 절차를 의미합니다. 퍼실리테이터는 갈등을 중재하고 합의를 도출합니다. 문제해결과 의사결정 과정에 사람들을 참여시키며, 사람들이 쉽게 다가설 수 있는 리더입니다.

대표적인 퍼실리테이터로 미국의 오바마 대통령을 들 수 있습니다. 대통령이 되는 과정에서도 미국 사회의 다양한 인종·계층을 포용하는 연설로 사람들을 통합시켰고, 재임 동안 이란 핵 협상, 의료보험 개혁, 기후변화, 총기 규제, 불법 체류자 이슈 등 다양한 문제에 대해 외교적 노력을 기울였습니다. 특히 사람들이 오바마 대통령을 좋은 리더로 기억하는 것은 편을 나누지 않고 공감하려는 모습을 보였기 때문입니다. 자신의 정책에 반대하는 사람들의 의견도 경청하고, 편견 없이 마음을 열고 소통하려는 태도를 국민에게 보여주었습니다.

퍼실리테이터는 관계를 중시합니다. 외교와 협상력이 뛰어나지만, 이를 개인의 이익을 위한 사내 정치에 쓰지 않고 조직을 통합시키기 위해 사용합니다. 단순히 말을 잘한다고 퍼실리테이터가 되는 것은 아니며, 오히려 잘 듣는 것이 더 중요합니다.

퍼실리테이터 스타일의 특징

연관 재능	중재, 사교, 표현, 공감, 회고, 유연
연관 태도	관용, 배려, 겸손, 긍정, 진정성, 자신감
긍정적 발현	조직의 집단 지성을 이끌어낸다. 고객의 목소리, 현장의 다양한 의견을 듣고 조율하여 더 나은 결정이 이루어질 수 있는 의사결정 구조를 만들 수 있다. 과정을 투명하게 소통하여 결정 내용을 다시 팀원들에게 설득할 일도 줄어든다. 외교적 역량을 발휘하여 조직 내부의 갈등을 줄인다. 서로의 이해관계를 파악하고 중재하여 조직이 한 방향으로 나아가게 하며, 팀 간의 협력이나 시너지를 재고해 조직의 결속력을 높인다. 팀원들이 참여의식, 주인의식을 갖는다. 같이 결정한 일이니 책임감을 갖게 되고, 자기효능감과 동기 수준도 높아진다. 리더와 팀원들 사이에 한 배를 탄 공동체라는 의식이 강하게 형성된다.
부정적 발현	합의가 될 때까지 의사결정을 미룬다. 적당한 시점에 리더가 결단을 내려야 하는 경우에도 팀원들이 자발적으로 선택한 것처럼 느끼게 만드는 데 시간을 소요하기도 한다. 무엇이 옳은가보다 많은 사람이 원하는 쪽으로 결정하여 조직에 해를 끼친다. 팀원들이 자유롭게 의견을 말하도록 본인 생각을 말하지 않기 때문에 인사이트가 없거나 대세에 끌려다니는 리더로 보일 수 있다. 서로 간의 신뢰가 약할 경우 팀원들이 리더를 조종할 수 있다고 여기게 된다. 사람들의 감정에 민감하고 설득하는 데 집착한다. 팀원끼리 서로 다른 의견을 가지고 있더라도 일단 결정을 내렸다면 한 방향으로 나아가면 되는데, 퍼실리테이터는 이미 의사결정을 내린 후에도 다른 의견을 가졌던 사람들을 끝까지 설득하느라 실행을 늦춘다. 정작 팀원들은 결정을 따를 준비가 되어 있는데 리더 혼자 마음의 짐을 가지고 있는 것이다.

혁신가는 똑똑하며 창의적인 리더입니다. 변화를 추구하며, 더 나은 미래에 대한 희망으로 조직을 동기부여합니다. 모두가 당연하게 받아들이는 것을 혁신가는 다시 한번 질문합니다. 10%의 개선이 아니라 10배의 성장을 추구하는 문샷moonshot 사고를 추구합니다.

대표적인 혁신가 스타일의 리더로 엘론 머스크Elon Musk를 들 수 있습니다. '은행을 거치지 않고 이메일로 송금할 수 없을까?'라는 질문이 페이팔을 만들었고, 누구나 전기차를 쉽게 접할 수 있는 세상을 꿈꾸며 테슬라를 만들었습니다. 또 인간이 화성으로 이주하는 꿈을 이루기 위해 스페이스X를 창업했고, 교통체증을 피해 빠르게 이동할 수 있도록 보링컴퍼니를 세워 땅 밑에 터널을 뚫고 있습니다.

물론 질문은 누구나 할 수 있을지 모릅니다. 하지만 엘론 머스크의 진짜 리더십은 사람들이 본인의 비전에 공감하게 만드는 데 있습니다. 어떻게 가능하게 할 것인지 아이디어와 논리를 제시하고, 이를 현실로 만들 사람들을 설득하여 팀을 꾸립니다. 혁신가는 사람들을 자기편으로 끌어들일 수 있는 열정을 갖추지 않으면 공상가에 머물 수 있습니다.

끊임없이 질문을 던지며 기존의 생각에 도전하는 것이 혁신가의 리더십 스타일입니다. 혁신가는 제도나 법의 틀에 박히는 것을 거부합니다. 조직 내부에서도 일하는 데 필요한 최소한의 규율 이상의 절차나 제도는 혁신가 리더의 스타일을 제한하게 됩니다.

혁신가 스타일의 특징

연관 재능	창의, 전략, 유연, 정보 수집, 표현, 고찰
연관 태도	배움, 긍정, 진정성, 자신감, 용기
긍정적 발현	유연하게 사고한다. 기존에 해왔던 방식을 반복하기보다 새로운 방식을 떠올리는 상자 밖에서 생각하기Out of Box Thinking에 익숙하다. 관습이나 제도에 얽매이지 않고 무엇이 최선일지 생각한다. 팀원들도 생각의 틀을 벗어날 수 있도록 지적인 자극을 준다. 새로운 아이디어를 제시한다. 기술적인 혁신을 이끌거나 복잡한 프로세스를 단순화하여 팀의 성과를 한 단계 끌어올린다. 개선보다는 새로운 창조가 필요할 때 혁신가 스타일의 리더십이 빛을 발한다. 사람들에게 동기를 부여한다. 당연히 여기던 불편함에 질문을 던져 도전 의식을 고취하고, 팀이 하는 일이 세상에 어떤 기여를 하는지 이야기함으로써 일에 의미를 부여한다. 혁신가 리더의 팀원들은 본인들이 매우 중요한 일을 하고 있다는 책임감과 사명감이 강하게 나타난다.
부정적 발현	자신의 창의성과 영리함을 자랑하기 위한 혁신을 추구한다. 그러다 보니 고객이 원하지 않는 기술을 개발해 사람들의 공감을 얻지 못하는 경우도 있다. 예전에 했었다는 이유로 기존 방식의 장점을 무시하고 새로운 방식만을 시도한다. 제약 조건에 무감각하여 인력이나 시간, 예산을 고려하지 않고 터무니없는 의견을 제시한다. 반복적인 업무에 쉽게 질릴 수 있다. 팀에 주어진 기본적인 미션에 소홀하며 새로운 영역을 찾으려 한다. 하지만 혁신도 기본이 튼튼해야 가능하다. 팀의 기존 업무가 흔들리는 순간 혁신도 같이 무너지게 된다. 주어진 일을 묵묵히 하는 팀원들의 공로를 인정해주지 않고, 늘 하던 일을 반복하는 사람들을 보며 답답해한다. 팀원들도 리더의 생각을 느끼고 점점 본인이 조직에서 필요 없는 존재라 여기게 된다.

비저너리는 미래에 집중하는 사람입니다. 가능성과 기회에 집중하며, 전략적 방향을 설정하고 끊임없는 개선을 이뤄냅니다. 5년, 10년 후 조직의 큰 그림을 그리며 지금 무엇을 해야 할지 고민하고 실천합니다.

대표적인 비저너리로 마이크로소프트의 CEO 사티아 나델라Satya Nadella를 들 수 있습니다. 원래 마이크로소프트는 윈도우즈를 중심으로 자사 제품들끼리만 서로 연결되는 폐쇄적인 정책을 펴왔습니다. '오픈소스 소프트웨어는 적'이라고 생각할 정도였습니다. 사티아는 마이크로소프트의 CEO가 된 후, "마이크로소프트는 왜 존재해야 하는가?"라는 질문을 조직에 던집니다. 그리고 '모든 사람과 조직이 강력한 기술에 접근할 수 있도록 기술을 대중화한다'는 목표를 설정하고, 모바일 퍼스트와 클라우드 퍼스트라는 방향을 제시합니다. 아이패드에서 MS 제품들을 사용하는 것, MS 제품들을 한 번에 많은 돈을 내고 구매하는 것이 아니라 매월 일정한 금액으로 구독하는 것은 모두 사티아가 마이크로소프트를 변화시키기 전에는 상상하기 어려운 일이었습니다.

그는 이 과정을 "무엇보다 우리는 백미러를 통해서가 아니라 미래지향적인 관점에서 앞에 놓인 기회를 바라보아야 했다."라고 표현합니다. 미래·가능성·전략적 방향 등이 비저너리의 리더십 스타일을 나타내는 핵심 키워드들입니다.

강점 발견

비저너리 스타일의 특징

연관 재능	미래 예측, 문제 발견, 표현, 유연, 몰입, 고찰
연관 태도	확신, 자신감, 긍정, 배움, 진정성
긍정적 발현	중장기적 관점에서 조직의 방향을 설정한다. 눈앞의 상황에 매몰되지 않고 조직의 5년, 10년 후를 그린다. 거시적 관점에서 우선순위가 무엇이 되어야 하는지 고민하며 팀원들도 미래 지향적인 관점에서 생각하도록 시야를 넓혀준다. 침체된 상황에서 조직에 희망을 준다. 현재의 어려움이 아니라 미래의 지향점으로 사람들의 초점을 옮기고, 할 수 있다는 용기를 북돋우며, 새로운 가능성과 변화의 당위성을 설파하면서 팀에 긍정적인 에너지를 부여한다. 현재에 안주하지 않고 끊임없이 개선한다. 지금보다 더 나은 미래를 꿈꾸기 때문에 잘하는 것도 더 잘할 수 있다고 생각한다. 팀원들에게 더 높은 기준을 제시하고, 새로운 시도를 장려한다. 팀이 발전할 기회를 끊임없이 모색한다.
부정적 발현	과거를 피드백하지 않고 미래만을 생각한다. 당장의 문제를 해결하는 것은 리더가 아니라 실무자들의 몫이라 생각한다. 서로 다른 관점으로 생각하다 보니 팀원과 리더 사이에 한 팀이라는 의식이 낮아진다. 표현과 소통력이 부족할 경우 맥락 없는 리더로 보일 수 있다. 본인은 미래를 생각하며 현재 어떤 일을 준비해야 할지 고민하지만, 앞뒤 설명 없이 지시를 받은 팀원은 왜 갑자기 이 일을 해야 하는지 당황하기만 한다. 무엇을 위해 하는 일인지 모르니 동기 수준도 떨어지고 리더가 생각한 결과물도 나오지 않는다. 조직의 핵심 역량에서 벗어난 미래를 상상한다. 지켜야 할 것과 변화시켜야 할 것을 구분하지 않고 조직의 근간을 뒤흔든다. 미래에는 어떤 일이 벌어질지 이야기하지만, 왜 그 일을 우리가 해야 하는지 설득하지 못한다.

경쟁자는 공격적이고 결단력 있는 리더입니다. 목표가 주어지면 누구보다 빠르게 달려나가며, 경쟁 상황을 즐깁니다. '1등', '최고', '최대' 같은 단어들을 추구합니다. 경쟁자를 적으로 생각하기 때문에 경영을 스포츠나 전쟁에 비유하길 좋아하고 자신을 팀 감독이나 장군으로 생각합니다. 외부에 공동의 적을 상정함으로써 팀의 조직력을 높이는 것입니다.

경쟁사를 이기려는 성향이 고객 중심주의로 나타나기도 합니다. 경쟁사의 움직임에 집중하는 것과 고객에 집중하는 것 모두 조직의 외부에 초점을 맞춘다는 공통점이 있습니다. 고객 조사나 경쟁사 벤치마크를 중요시 여기며, '누가 더 고객 중심적인지' 자체가 하나의 경쟁 기준이 됩니다.

대표적인 경쟁자 스타일의 리더로 GE의 전 회장 잭 웰치를 들 수 있습니다. 그는 계획과 통제 중심의 관료제에서 벗어나기 위해 GE를 서비스업체로 변모시키며 작은 회사처럼 빠르게 움직이는 조직을 강조했습니다. 조직 간 정보의 벽을 허물고 사람들의 능력을 개발하는 데 투자했습니다. GE의 크로톤빌Crotonville 연수원은 많은 기업들의 최고경영자들을 배출해낸 양성소로 유명합니다.

한편 잭 웰치는 개혁을 추진하며 사업부마다 세계 1위 혹은 2위가 되어야 한다는 기준을 제시했습니다. 강도 높은 구조조정 때문에 '중성자탄 잭'이라는 별명으로도 유명합니다. 엄격한 상대평가 제도로도 잘 알려져 있는데, 이런 점들 또한 그의 경쟁자적인 면을 나타냅니다.

경쟁자 스타일의 특징

연관 재능	주도, 비교, 몰입, 행동, 달성
연관 태도	자신감, 용기, 확신, 겸손, 절제
긍정적 발현	팀원들의 프로의식professionalism을 고양한다. 스포츠팀의 일원처럼 최고의 역량을 요구하고, 끊임없는 자기관리와 자기계발을 강조한다. 현실에 안주하지 않고 스스로와 경쟁하며 더 높은 목표를 향해 정진한다. 승리 정신winning spirit이 가득한 팀을 만든다. 목표 달성을 하나의 게임처럼 여기게 하고, 성취할 때마다 팀원들과 함께 축하한다. 함께라면 무엇이든 할 수 있다는 분위기를 형성하여 팀의 사기를 충만케 한다. 팀이 승리할 수 있도록 팀원들을 적재적소에 활용한다. 훌륭한 감독처럼 팀원들의 강점을 파악하고 이를 살릴 수 있는 전술을 고민한다. 잘하는 것을 더 개발하고 훈련할 수 있는 환경을 만들어 팀원들의 성장을 돕는다.
부정적 발현	회사 내에서도 경쟁한다. 다른 부서도 경쟁 상대로 여겨 협력하지 않고 정보도 공유하지 않는다. 자기 영향력을 넓히기 위해 다른 부서의 일을 빼앗는 경우도 있다. 모든 것은 자기 입장에서 승리냐 패배냐로 귀결된다. 승리에 집착하여 부정을 저지른다. 경쟁 상대를 제압하기 위해 편법이나 불법을 동원한다. 회사 내에서도 본인이 먼저 승진하기 위해 다른 리더를 음해하며 사내 정치를 벌인다. 팀이 아니라 개인의 승리가 목적이 될 경우 조직에 피해를 입히는 행동을 서슴지 않고 벌인다. 자기 팀원들끼리 경쟁하게 만들고, 패배자를 도태시킨다. 팀원들의 약점을 공공연하게 지적하며 자존감을 무너뜨리기 쉽다. 스스로 배우고 노력해야 한다고 생각하기 때문에 팀원들의 성장을 돕지 않고, 성과를 못 내는 사람을 무시한다.

성과자는 일 중심적인 리더입니다. 누구보다 열심히, 많이 일해서 성과를 냅니다. 그렇다고 비효율적으로 일하는 것이 아니라 논리적으로 생각하며 생산성을 중시하기 때문에 절대적인 성과의 양은 다른 어떤 리더십 스타일보다 많을 수 있습니다.

대표적인 성과자 스타일의 리더로 아마존의 제프 베조스Jeffrey Bezos를 들 수 있습니다. 일에 대한 그의 관점은 '똑똑하게 일하고, 열심히 일하며, 오래 일한다'로 요약됩니다. 또 아마존은 고객 중심을 넘어 '고객 집착'으로도 유명한데, 고객에게 모든 것을 맞추려다 보니 직원들 입장에서는 업무량이 매우 많아지기도 합니다.

제프 베조스의 중요한 삶의 철학은 '죽기 전에 후회를 최소화한다'입니다. 그리고 후회는 일을 저질러서 생기는 것이 아니라 해보지 않은 일, 가지 않은 길에서 온다고 믿습니다. 아마존이 계속해서 사업 영역을 확장하며 '아마존 제국'이라 불리는 것도 그의 성과자 리더십에서 온다고 볼 수 있습니다.

성과자 스타일의 특징

연관 재능	달성, 몰입, 완벽, 행동, 신중, 논리, 비교
연관 태도	절제, 책임, 확신, 배려
긍정적 발현	성과자는 어떻게든 결과물을 만들어낸다. 시간과 노력을 아낌없이 투자하여 사람들이 놀랄 만한 성과를 내고, 달성 그 자체에서 성취감을 얻기 때문에 돈이나 다른 외부적 요인으로 동기부여할 필요가 없다. 팀에 에너지를 불어넣는다. 최선을 다해 달리는 분위기를 만든다. 정말 달성할 수 있는 목표인지 의심할 시간에 하나라도 더 할 일을 끝내는 것이 성과자의 일하는 스타일이다. 팀원들에게 성과를 내는 법을 알려준다. 어떻게 해야 생산성을 높일 수 있는지 가르쳐주며, 그만큼 높은 기대치를 설정하고 격려한다. 팀원들은 이 리더와 함께라면 빠르게 성장할 수 있다는 믿음을 가진다.
부정적 발현	성과자는 개인의 삶보다 조직을 우선시하며, 팀원들에게도 그러한 관점을 적용한다. 일의 성과만큼 일을 얼마나 오래했는지 암묵적으로 평가한다. 팀장이 퇴근하기 전에 팀원들이 퇴근할 수 없는 분위기라면 성과자 스타일의 리더일 가능성이 높다. 성과자 리더들이 모여 있으면 부서 이기주의가 나타난다. 조직 전체의 성과보다는 자기 부서의 성과를 우선하느라 부분 최적화가 일어나는 것이다. 또한 평가 지표에 영향을 주는 일에만 집중하며, 다른 부서와 협력하는 것을 쓸데없는 시간 낭비로 여긴다. 성과자 스타일의 가장 안 좋은 발현은 팀원들을 성과를 내기 위한 도구로 바라보는 것이다. 속된 말로 '사람을 갈아 넣어' 성과를 낸다. 팀원을 성장시키는 데 관심이 없으며, 당근보다는 채찍으로 사람을 관리한다. 과도한 스트레스로 번아웃 되거나 퇴사하면 다른 팀원으로 채워 넣고 같은 방식을 반복한다.

관리자는 정보와 전문성으로 리더십을 발휘하는 사람입니다. 일의 디테일한 부분까지 챙기며 지식과 경험을 통해 팀을 이끌어갑니다. 일하는 방법과 규율을 정의하며, 문서화와 정보 관리에 강한 면모를 보입니다.

대표적인 관리자 스타일의 리더로 무인양품의 전 회장 마쓰이 타다미쓰松井忠三를 들 수 있습니다. 마쓰이가 갓 무인양품 사업부장이 되었을 때, 오픈을 하루 앞둔 매장을 방문했다가 조직에 심각한 문제가 있음을 깨닫게 됩니다. 저녁 6시쯤에 매장은 이미 정리가 완료되어 있었는데, 인근 지역 점장들이 격려차 방문할 때마다 진열을 뒤엎었던 것입니다. 각자 자신만의 노하우로 새로 오픈하는 매장을 도와주려 한 행동이었지만, 개인의 노하우가 조직의 역량으로 쌓이지 않는 상황이었습니다. 마쓰이는 일하는 구조를 잡아야겠다고 생각하고, 매장 진열과 신규 출점부터 제품 기획, 재무 등 무인양품 전체의 일하는 방식을 '무지그램'이라는 12권의 책자로 정리합니다.

여기까지만 보면 고리타분한 원칙주의자로 보일 수 있지만, 무지그램은 사람들을 매뉴얼에 얽매이게 하는 것이 목적이 아니었습니다. 기본은 정하되 누구나 더 나은 방식을 제안할 수 있었습니다. 무지그램도 바인더로 되어 있어 업데이트된 내용이 있으면 해당 페이지만 갈아 끼우면 되도록 만들어졌습니다. 그 당시 약 2,000페이지의 무지그램은 매달 업데이트되어 해마다 약 10%씩 새로운 내용이 되었다고 합니다. 전체 매장이 적어도 90점 수준을 유지하도록 원칙과 프로세스를 개선하는 것이 관리자의 리더십 스타일입니다.

관리자 스타일의 특징

연관 재능	단순화, 논리, 완벽, 신중, 고찰, 회고
연관 태도	공정, 절제, 책임, 배려
긍정적 발현	관리자는 성과의 기준을 제시한다. 조직이 팀에 요구하는 성과가 무엇인지를 바탕으로, 팀 내에서 어떤 지표들을 관리해야 할지 고민하고 이를 팀원들에게 제시한다. 또한 주간 회의나 대시보드처럼 팀원들과 함께 지표들을 정기적으로 측정하고 검토하는 자리를 만든다. 팀의 일하는 방법과 규율을 정의한다. 기준과 원칙을 우선시하며, 프로세스나 매뉴얼을 만들어낸다. 이를 통해 어떤 사람이 업무를 맡더라도 일정 수준 이상의 아웃풋을 낼 수 있도록 개인의 암묵지暗默知를 조직의 역량으로 구조화한다. 그래서 특정 업무를 맡던 사람이 갑자기 자리를 비우게 되더라도 관리자 스타일 리더의 조직은 크게 흔들리지 않는다. 사람들에게 공정하다는 인상을 준다. 팀원들을 대할 때 모두에게 같은 기준을 적용하며, 의사결정을 내릴 때도 어떤 기준으로 내린 결정인지 명확히 한다. 유사한 문제가 반복해서 생길 경우 이를 개념적으로 일반화시켜 대응 원칙을 세운다.
부정적 발현	측정할 수 있는 것만 중요하게 여긴다. 정량적인 지표들은 철저하게 관리하지만, 정성적인 성과나 기여는 측정하기 애매하다는 이유로 칭찬하거나 격려하지 않는다. 환경 변화에 적응하는 속도가 느리다. 이미 시장에서 유효하지 않거나 비효율적인 원칙과 프로세스를 고수하고, 아직 검증되지 않았거나 그동안 해오던 방식이 아니라는 이유로 새로운 시도에 소극적이다. 정보와 의사결정을 독점한다. 최적의 구조와 프로세스를 구상한 다음 팀원에게 지시하지만, 팀원들은 본인들의 일이 어떻게 연결되는지 모르는 때가 많다. 이 때문에 각자가 한 일을 합치는 과정에서 문제가 발견되어 수정하거나 다시 작업하는 상황이 반복된다. 자신이 팀 성과에 어떻게 기여하고 있는지 보이지 않기 때문에 팀원들의 동기 수준이 낮아진다. 관리자는 원칙과 기준에 민감하여 예외를 두지 않으려 한다. '악법도 법이다'는 마인드에 가깝지만, 팀원 입장에서는 절대적인 법이라기보다 관리자가 자기 마음대로 정한 규칙을 고집하는 것처럼 느껴지기도 한다. 이런 경우 공정하다기보다 융통성 없는 리더처럼 보일 수 있다.

조정자는 일의 구조와 흐름을 관리하는 리더입니다. 상황을 분석하고, 일정을 관리하고, 업무를 배분하는 등의 역할을 합니다. 안정과 통제를 추구하기 때문에 계획을 매우 중요하게 생각합니다. 조직 전체의 성과를 위해 개인 혹은 팀 간의 이해관계를 조율하는 것도 조정자의 리더십 스타일입니다.

대표적인 조정자 스타일의 리더로 인텔의 CEO였던 앤디 그로브 Andy Grove가 있습니다. 그의 대표작인 《하이 아웃풋 매니지먼트》는 생산의 기본 원칙을 바탕으로 경영을 설명합니다. 여기서 생산의 기본 원칙이란 시간·돈·장비·사람 등 자원에서 최대한의 성과를 끌어내는 '레버리지'를 뜻합니다. 자원을 최대한 활용하려면 계획을 잘 세우는 것이 중요합니다. 다음 문장에서 그의 관점을 함축적으로 읽을 수 있습니다.

"나는 어떤 결정이 현재의 격차를 줄이기 위한 방법인지 알아내고자 무진 애를 쓰는 사람들을 지금껏 너무나 많이 봤다. 하지만 현재의 격차는 과거의 어느 시점에 실패한 계획 때문이다."

구글의 관리 방식으로 유명해진 OKR Objectives and Key Results도 원래 앤디 그로브가 만든 것입니다. 목적을 정의하고, 그 목적에 가까워지고 있는지 무엇을 가지고 판단할 것인가를 정의하는 과정을 통해 조직이 한 방향으로 나아가도록 계획과 이해관계를 조정하는 것이 OKR의 핵심이자 조정자의 리더십 스타일입니다.

조정자 스타일의 특징

연관 재능	계획, 단순화, 완벽, 신중, 논리, 회고, 표현
연관 태도	절제, 책임, 공정, 관용
긍정적 발현	앞으로 벌어질 일들을 예측한다. 개인 혹은 각 팀이 하는 일들이 어떻게 합쳐져 조직의 결과물을 내는지 그려보고, 시간·인력·자본·장비 등을 가장 효율적으로 활용할 수 있는 계획을 제시한다. 계획을 바탕으로 업무를 배분하고 일정을 관리한다. 각 팀원들이 어떤 업무를 맡아야 할지, 어떤 일이 언제까지 끝나야 할지 빈틈없이 조율해주어 팀원들은 출근해서 어떤 일을 해야 할지 고민할 필요가 없다. 팀원들은 조정자를 신뢰한다. 계획을 따르면 성과를 낼 수 있으며, 어려운 이슈도 조정자가 해결해줄 것이라 믿는다.
부정적 발현	계획을 세우는 데 과도하게 집착한다. 계획을 위한 근거 자료를 찾고 논리를 구성하다 지쳐 정작 실행할 시간과 에너지가 부족하다. 멋진 사업 계획서를 들고 이미 절반은 됐다고 생각하며 실제 실행을 관리하는 데 취약하다. 또한 계획을 세울 당시에 비해 상황이 변했는데도 이미 세운 계획대로 진행하려 한다. 계획에 없던 상황이 닥칠 때 당황한다. 조정자 스타일은 일이 순조롭게 흘러갈 때 가장 효율이 높지만, 반대로 예상치 못한 환경 변화에 가장 취약하다. 심할 경우 이런 상황을 대비해 플랜 B, 플랜 C 등을 준비하지만 계획에 드는 에너지가 늘어날뿐더러 플랜 B, C에서도 예측하지 못한 상황은 발생하기 마련이다. 조정자는 팀원들의 신뢰를 받는 것이 필수다. 아무리 좋은 계획을 세워도 시켜서 억지로 하는 마음으로 실행한다면 최선의 결과가 나오지 않는다. 신뢰가 없다면 특히 일이 계획대로 진행되지 않았을 때 팀이 걷잡을 수 없이 무너질 수 있다.

나의 리더십 스타일과 조직문화가 요구하는
리더십 스타일이 다를 때

　사람마다 강점과 태도가 다르기 때문에, 자연스럽게 발휘되는 리더십 스타일도 다릅니다. 태니지먼트는 재능과 태도 진단 결과를 바탕으로 여러분이 각 리더십 스타일을 얼마나 자연스럽게 발휘할 수 있는지 다음과 같이 표현하고 있습니다.

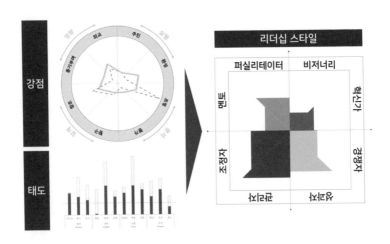

강점과 태도에 따른 리더십 스타일 예시 1

　각 사분면의 조직문화 유형에 적합한 리더십 스타일이 두 가지씩 매치되어 있고, 각 스타일에 해당하는 삼각형의 크기가 해당 리더십을 얼마나 자연스럽게 발휘할 수 있는지를 의미합니다.

　강점에서는 자신이 가진 강점에 집중하고 이를 개발하는 것이 좋다고 했습니다. 태도는 반대로 부족한 면을 보완하는 것이 좋다고

　　　　　　　　　　　　　　　　　　　　　　　　강점 발견

했습니다. 리더십 스타일은 어떨까요?

리더로서 우선 고려해야 할 점은 나의 리더십이 긍정적인 방향으로 발현되고 있는가입니다. 굳이 비교하자면, 리더십은 강점과 태도 중 태도와 조금 더 유사한 성격이 있습니다. 부정적으로 발현되는 리더십은 팀에 큰 피해를 주며, 다른 좋은 면모를 지니고 있더라도 리더로서 부정적인 평가를 받게 하기 때문입니다.

두 번째 고려해야 할 점은 지금 나에게 요구되는 리더십 스타일이 무엇인가입니다. 회사의 조직문화, 그리고 우리 팀이 처해 있는 상황을 고려할 때 어떤 리더십 스타일을 발휘해야 하는지 판단해야 합니다. 그러고 나서 해당 리더십 스타일을 본인이 발휘할 수 있는지 생각해야 하는 것입니다.

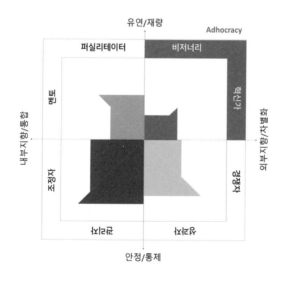

강점과 태도에 따른 리더십 스타일 예시 2

예를 들어, 이 사람의 경우 현재 조직에 필요한 문화는 애드호크라시이고, 요구되는 리더십 스타일은 비저너리 혹은 혁신가인 상황입니다. 하지만 가장 자연스럽게 발휘할 수 있는 강점은 관리자 또는 조정자, 성과자로 보입니다. 본인이 가진 재능과 태도의 조합이 하이어라키 문화에 더 적합하기 때문입니다. 이런 경우 본인에게 익숙한 리더십에서 조직에 필요한 리더십의 방향으로 옮겨 가야 합니다.

퀸은 조직 유효성에 대해 연구하면서 조직문화와 리더십에 대해 다음과 같이 결론 내렸습니다.

조직문화와 리더십 스타일이 서로 정렬되어 있을 때 조직 유효성이 높아진다. 그런데 각 조직에서 가장 뛰어나다고 여겨지는 리더들은 여러 리더십 스타일을 동시에 사용한다.

하버드 대학교 발달 심리학자 로버트 키건Robert Keegan은 인간의 정신 발달 단계를 다음과 같이 정의합니다.

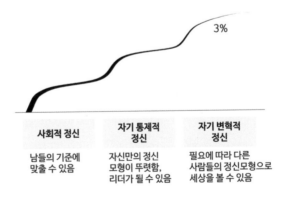

인간의 정신 발달 단계

첫 번째 사회적 정신socialized mind은 규율에 따라 다른 사람들과 팀으로 일할 수 있는 단계입니다. 리더를 따르는 팔로어follower가 될 수 있는 단계입니다. 자기통제적 정신self-authoring mind이 되면 자신만의 사고 체계를 가지고 일할 수 있습니다. 이 단계가 되면 자기 의견을 제시하고 다른 사람들을 이끌 수 있는 리더가 될 수 있습니다. 자기 강점과 태도를 이해하고, 자연스럽게 발휘할 수 있는 리더십 스타일을 개발하는 단계입니다. 가장 높은 단계인 자기변혁적 정신self-transforming mind은 여러 가지 사고체계를 객관적으로 바라볼 수 있는 단계입니다. 자기만의 가치관과 세계관을 내려놓고 자신의 리더십 스타일을 제3자의 눈으로 돌아볼 수 있는 단계입니다. 이 단계의 리더는 자기 리더십 스타일이 충분히 개발된 상태에서 조직의 요구에 맞는 스타일도 발휘할 수 있는 성숙한 리더입니다.

나이가 든다고, 조직 생활을 오래한다고 자기변혁적 정신에 저절로 닿는 것은 아닙니다. 연구 결과에 의하면 성인 중에서도 자기변혁적 정신에 이르는 사람은 3%밖에 되지 않는다고 합니다. 그만큼 자신의 자연스러운 리더십을 내려놓고 요구되는 리더십을 발휘하는 것은 쉽지 않은 일이지만, 반대로 우리가 존경하는 리더들은 그 경지에 이른 경우가 많습니다. 퀸의 경쟁가치 접근법에 '경쟁'이라는 단어가 들어가는 이유는 축의 반대에 있는 가치가 서로 양립할 수 없으면서도 모두 필요해 보이는 모순이 있기 때문입니다. 리더십도 마찬가지로 서로 반대되는 것 같은 리더십 스타일을 상황에 맞게 발휘하는 것이 가장 이상적인 모습입니다.

앞서 각 리더십 스타일을 설명하며 예로 든 리더들도 마찬가지입니다. 엘론 머스크는 혁신가의 예로 소개했지만, 본인이 설립한 여러 회사의 직원과 고객과 정부와 투자자의 이해관계를 조율해야 하는 조정자이기도 하며, 주 100시간은 일해야 세상을 바꿀 수 있다고 믿는 성과자이기도 합니다. 인텔의 앤디 그로브는 조정자로서의 모습을 강하게 보이지만, 한편으로는 직원 교육과 일대일 면담에 많은 시간을 할애하는 멘토의 모습도 가지고 있습니다. 아마존의 제프 베조스는 '이번 분기의 성과는 3년 전에 한 행동의 결과'이며 자기는 지금 '2020년쯤의 어느 분기를 준비하는 중'이라 이야기하는 비저너리이기도 합니다.

만약 여러분이 앞서 사례를 읽으며 '이 사람의 리더십이 이 스타일이 맞나?' 하는 생각이 들었다면 아주 자연스러운 반응입니다. 사례들이 모두 여러 리더십 스타일을 같이 구현하는 리더들이고, 그중 특정한 측면만을 부각한 것이기 때문입니다.

그렇다면 어떻게 나의 자연스러운 리더십 스타일에서, 요구받는 리더십 스타일로 옮겨 갈 수 있을까요? 우선 다른 리더십 스타일에 필요한 스킬을 배워야 합니다. 예를 들어, 퍼실리테이터 스타일이 필요할 때라면 협상이나 퍼실리테이터 양성 과정 등을 통해 필요한 지식과 스킬을 습득할 수 있습니다. 조정자 스타일이 필요할 때는 업무나 일정 관리에 대한 강의나 여러 도구를 활용할 수 있지요.

하지만 스킬을 배운다고 해서 다른 리더십 스타일을 보이는 건 한계가 있습니다. 행동은 따라 하지만 마인드는 자신의 본래 리더십 스타일에 머물 수 있기 때문입니다. 이럴 때는 본인이 익숙하지 않은 리더십 스타일을 발휘하기 위해 애쓰기보다, 팀에서 더 자연스럽

강점 발견

게 해당 리더십 스타일을 발현할 수 있는 사람에게 리더 역할의 일부분을 위임하는 것이 좋습니다. 물론 단순히 업무를 위임하는 것이 아니라 리더십의 일부를 위임한다는 것은 서로 간의 신뢰가 바탕이 되어야 합니다. 처음엔 위임했다가 본인의 위상이 위협받는다고 느껴서 그 팀원이 리더로서의 역할을 못 하게 막는다면 팀 전체에 혼란만 가져다줄 수 있으니 주의해야 합니다.

무엇보다 중요한 것은 나의 리더십 스타일이 항상 정답은 아닐 수 있다는 점을 인정하는 것입니다. 자기통제적 정신에서 자기변혁적 정신으로 넘어가 자신의 리더십을 제3자 입장에서 객관적으로 바라볼 수 있어야 하는 것입니다. 대부분의 리더들은 자신의 리더십 역량에 대해 과대평가하는 경향이 있습니다. 팀원들과 솔직한 대화를 나눌 수 있는 분위기가 형성되어 있다면, 본인의 리더십에 대해 팀원들이 어떻게 생각하는지 들어보세요. 만약 조금이라도 팀원들이 솔직한 이야기를 못 할 것 같은 분위기라면 아예 제3자 관점에서 팀의 상황과 리더십에 대해 진단해줄 수 있는 리더십 코치의 도움을 받는 것도 좋습니다.

제8장

강점 기반의 인사 관리

채용과 배치의 도구, 강점

내가 누구인지 궁금해하는 회사

채용의 목적은 무엇일까요? 단순히 스펙 좋은 사람들로 부족한 머릿수를 채우는 것이 목적은 아닐 것입니다. 이력서 및 입사지원서 검토, 인성 면접, 기술 면접, 그룹 면접 등 여러 단계의 채용 절차를 거치는 목적은 지원자가 입사할 경우 회사에서 어떤 성과를 낼지 예측하기 위함입니다.

예측을 하려면 기준이 필요합니다. 지금 선발하려는 직무에 '적합한 인재right people의 정의가 무엇인가요? 그리고 지원자가 해당 기준을 충족하는지 어떻게 검증할 수 있을까요? 이 질문에 답할 수 없다면 아무리 채용 절차를 복잡하게 만들어도 '같이 일하기 좋을 것 같은 느낌'의 사람을 뽑는 데 그칠 뿐, 조직에서 성과를 낼 사람을 판별하기 어렵습니다. 요즘처럼 취업이 어려운 시기에는 이력서나 입사지원서도 회사에서 원하는 방향으로 맞춰서 작성하는 지원자들이 많으며, 면접 또한 제대로 설계되지 않으면 지원자의 역량을 검증하기보다 순발력 테스트처럼 흘러가기 십상이기 때문입니다. 조직에서 오래 일한 관리자들이 마치 관상 보듯이 직관적으로 우리 회사에 잘 맞을 것 같은 사람을 선발하지만, 뽑고 나니 전혀 다른 모습을 보여주는 경우도 부지기수입니다.

태니지먼트 팀이 모 그룹의 인사실 소속이던 때의 일입니다. 서류 전형에 합격한 약 2,000명의 인적성 검사 대상자들과 일산 킨텍스에서 오전과 오후로 나누어 대규모 시험을 진행한 적이 있습니다. 보통 인적성 응시 인원이 많은 타 대기업의 경우, 중고등학교를 빌려서 반별로 30~40명씩, 약 1~2시간 동안 '시험'에만 집중하는 경우가 많습니다. 이와 달리 우리가 큰 컨벤션 홀을 빌려서 한공간에서 인적성을 진행한 이유는 서류 전형을 통과한 우수한 지원자들에게 회사의 중요한 경영자가 직접 나와 인사를 하고, 회사의 비전과 필요한 인재상을 다시 한번 소개하기 위해서였습니다. 또한 여러 회사 가운데 우리 회사를 지원해준 것에 대해 지원자들에게 깊은 감사를 전달하고 싶었습니다.

오전 4시간, 오후 4시간에 걸쳐 인적성 검사 진행을 마치고, 응시자들의 생생한 피드백을 듣기 위하여 당시 많은 취준생들이 애용하던 '취업뽀개기'라는 인터넷 까페에 들어가 우리 회사와 관련된 게

시판에 올라온 글들을 살펴보았습니다. 기대했던 피드백(최고경영진이 직접 인사말을 진행한 것에 대한 감명, 책상 위에 올려놓은 간단한 선물에 대한 인상 등)도 있었지만, 예상외로 보기에 거북한 댓글들이 상당수를 차지하고 있었습니다. 해당 글들의 내용은, 바쁜 취준생들에게 인적성 검사를 무려 4시간이나 요구한 회사에 대한 평가가 주를 이루고 있었습니다. 긴 시간에 대한 부담을 토로하는 가벼운 내용으로 시작하여 일부 심한 비난과 욕설에 이르는 댓글도 볼 수 있었습니다.

다른 회사의 평균적인 인적성 시험 대비, 2배 이상 긴 4시간의 시험 시간은 분명히 지원자들에게 부담이 되었을 수 있습니다. 그런데 중요한 것은, 왜 4시간이나 시험을 보았는가 하는 것입니다. 당시 우리 회사의 인적성 시험의 내용은 지적인 역량을 평가하는 언어추론, 수리추론 평가도 있었지만 그것은 단지 1시간 분량에 불과했습니다. 나머지 3시간은 모두 지원자의 성격, 성향, 무엇보다 강점이 무엇인지를 파악하기 위한 내용에 집중되어 있었습니다. 그 당시 우리는 그룹 내 거의 모든 직무에 대해 어떤 강점을 가진 사람들이 고성과를 내는지 이미 파악하고 있었습니다. 그래서 지원자들의 이력서나 지원서에 나오지 않는 정보인 '강점'을 파악하는 데 그만큼 오랜 시간을 투자했던 것이지요. 우리는 지원자의 수리나 언어 능력뿐만이 아닌, '어떻게 성과 내는 유형의 사람인지'를 알고 싶었고 이를 채용의 중요한 기준으로 삼았습니다만, 일부 지원자들에게는 '내가 누구인지 궁금해하는 회사'이기보다 '채용 과정이 길고 복잡한 회사'처럼 비쳐 안타까웠습니다.

직무적합 DNA와 핵심 가치 DNA

직무별로 어떤 재능을 가진 사람들이 업무에 만족하고 고성과를 내는지 정의한 것을 태니지먼트에서는 '직무적합 DNA'라 합니다. 그렇다면 직무적합 DNA는 어떻게 설정할 수 있을까요? 시작점은 바로 이미 해당 직무에서 고성과를 내고 있는 사람들의 강점을 분석하는 것입니다. A와 B라는 회사가 있다고 했을 때, 두 회사가 '전략기획'이라는 같은 직무명의 인재를 선발해도 적합한 강점은 큰 차이를 나타낼 수 있습니다. 전략기획이라는 직무 자체에 공통적으로 요구되는 본질적인 강점(평가·탐구 등)은 같다고 하더라도, 회사의 일하는 방식과 문화에 따라 수직적–수평적 소통 방식, 고려해야 할 우선순위, 업무 추진의 보수성과 급진성, 위험 감수의 정도 등이 다르기 때문에 각 회사의 전략기획 직무에 적합한 추가 강점들은 완전히 다를 수 있지요. 따라서 우리 회사에서 실제로 성과를 내고 있는 사람들이 어떤 강점을 가지고 있는지 파악하는 것은 해당 직무를 새로 채용할 때 중요한 정보가 됩니다.

만약 개발 중심의 스타트업에서 지원팀을 새로 만드는 것처럼, 해당 직무를 처음 채용하는 경우엔 어떻게 해야 할까요? 이럴 때는 그 사람과 직접 같이 일할 사람들이 해당 직무에 무엇을 기대하는지가 중요합니다.

- 속도가 우선인가요, 완성도가 우선인가요?
- 먼저 움직이는 것이 중요한가요, 심사숙고하고 움직여야 하나요?
- 다양한 일을 할 줄 알아야 하나요, 한 가지 일을 잘해야 하나요?

- 많은 사람을 만나야 하나요, 많은 자료를 모아야 하나요?
- 창의적인 아이디어가 중요한가요, 프로세스와 매뉴얼을 만드는 것이 중요한가요?
- 여러 사람의 의견을 듣고 중재해야 하나요, 전문성을 가지고 스스로 결정해야 하나요?

이러한 질문들을 통해 신설할 직무에 어떤 강점을 가진 사람이 필요할지 유추해볼 수 있습니다. 다만, 이렇게 정의된 인재상은 주변 사람들이 기대하는 인재상일 뿐 아직 고성과 유형으로 검증된 인재상은 아닙니다. 해당 직무에 누군가를 채용한 후에 실제로 성과를 내는지 지켜보며 고성과 유형이 맞는지 피드백할 필요가 있습니다.

태도의 경우는 강점이나 재능과 조금 다를 수 있습니다. 강점과 재능은 회사에서도 직무에 따라 확연하게 우선순위에서 차이가 나지만, 태도는 회사의 전반적인 조직문화와 핵심 가치에 따라 전 직원에게 특히 강조하는 부분이 있을 수 있습니다. 회사에서 요구하는 태도를 기준선만큼 갖추지 못한 사람을 채용하면 다른 역량이 뛰어나더라도 팀에서 겉돌고 적응하지 못하는 현상이 발생합니다.

태니지먼트에서는 이를 '핵심 가치 DNA'라고 합니다. 핵심 가치 DNA는 회사의 조직문화, 핵심 가치, 일하는 규율 등을 먼저 분석한 뒤, 실제 조직에서 어떤 재능과 태도를 가진 사람들이 좋은 팀워크를 발휘하는지 구성원들을 인터뷰하면서 정의합니다. 직무적합 DNA와 핵심 가치 DNA 모두 지원자의 재능과 태도 점수를 가공하여 만든 2차 지표들인데, 직무적합 DNA는 주로 재능, 핵심 가치

강점 발견

DNA는 주로 태도 요소들이 반영됩니다. 그리고 핵심 가치 DNA는 주로 회사 단위로 정의하는 반면, 직무적합 DNA는 같은 회사에서도 직무별로 따로 정의해야 합니다.

동반 성장	양성, 공감, 배움, 배려
협력적 의사소통	표현, 공감, 배려
최고 지향 실행력	완벽, 행동, 용기

핵심 가치 DNA와 관련 재능·태도 예시

이런 과정을 거쳐 회사에 적응하여 성과를 낼 수 있는 인재 유형을 정의했다면, 이제 지원자가 가진 재능과 태도와 정량적으로 비교해 보는 것이 가능해집니다. 태니지먼트는 다음 페이지와 같은 채용 리포트를 제공합니다.

| TANAGEMENT Profile

이름	김재능(남)	생년월일	19920607	지원회사	태니지먼트
전공학과	전산·컴퓨터	관심분야	마케팅, 교육, 경영·회계·사무		

종합 코멘트

김재능 님은 전혀 상관없어 보이는 정보 사이에 의미 있는 연관성을 찾아내고 새로운 관점을 제시합니다. 그리고 다른 사람의 감정에 쉽게 공감하고 협력을 얻어냅니다. 또한 다른 사람들의 가능성을 발견하고 성장시켜 줍니다.

다만, 태도적인 약점으로 책임, 공정에 대한 주의와 관리가 필요합니다.

회사에 입사할 경우, "협력적 의사소통"에서 가장 우수한 모습을 보입니다. 상대적으로 "집요한 문제해결"에 대해 관리가 필요할 수 있습니다.

김재능 님은 기업교육(98%), 전략·기획(88%) 직무에 가장 적합한 인재입니다. 이 결과는 김재능 님의 강점이 동기부여, 창조인 것과 회사의 직무별 표준모델이 반영된 결과입니다. 단, 추천 직무는 전공이나 경험은 반영되지 않았으니 추가 확인이 필요합니다.

김재능 님은 창업 초기 또는 쇠퇴기에서 재도약이 필요할 때, Adhocracy 문화에 적합한 리더로, 10%의 개선이 아닌 10배 성장을 추구하는, 똑똑하며 창의적인 변화를 이끌어내는 리더의 자질이 있습니다.

유사 직원

1 **강예능(디자이너) (77%)**

2 **서교육(HRD) (76%)**

3 **강관리(팀장) (70%)**

재능 유사 :
서교육(HRD), 강예능(디자이너), 강관리(팀장)

태도 유사 :
윤기획(기획)

핵심 가치 DNA

종합 평가

기대됨

(신뢰도 : 신뢰됨)

자발적 성장	신의적 상호존중	협력적 의사소통
△ 58%	● 90%	● 95%
건설적 피드백	집요한 문제해결	
● 90%	△ 46%	

직무 추천

1 **기업교육(98%)**
2 **전략·기획(88%)**
3 **인사기획(88%)**

다만, 김재능 님의 관심 분야와 전공을 고려하였을 때, 일반직무에서 기업교육(74%), 개인서비스(70%) 직무가 적합할 수 있습니다.

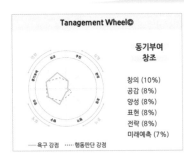

Tanagement Wheel©

**동기부여
창조**

창의 (10%)
공감 (8%)
양성 (8%)
표현 (8%)
전략 (8%)
미래예측 (7%)

—— 욕구 강점   ···· 행동판단 강점

Leadership Basecamp©

1. **혁신가**

2. **퍼실리테이터**

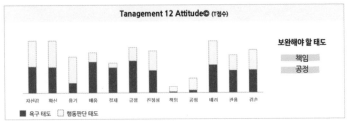

Tanagement 12 Attitude© (T점수)

보완해야 할 태도

책임
공정

자신감 혁신 용기 배움 정제 균형 진정성 책임 공정 배려 귀류 겸손

■ 욕구 태도   □ 행동판단 태도

세부 프로파일 (T점수)

영향	**92%**		공감	94.5%
	다른 사람에게 영향을 미치는 재능		양성	99.2%
			친밀	72.2%
			사교	92.4%
			표현	99.2%
			중재	92.8%

실행	**39%**		행동	22.1%
	목표한 바를 실현해내는 재능		주도	95.9%
			몰입	43.3%
			완벽	7.7%
			달성	5.0%
			신중	61.8%

분석	**30%**		계획	8.9%
	정보를 이해하고 해석해내는 재능		단순화	54.4%
			회고	39.8%
			문제발견	25.2%
			논리	42.1%
			비교	11.9%

설계	**79%**		전략	99.0%
	가능성을 생각하고 만들어내는 재능		고찰	92.4%
			정보수집	59.5%
			창의	99.8%
			미래예측	98.5%
			유연	23.6%

강점의 강화 태도	**81%**		자신감	98.5%
	강점을 개발할 때, 도움을 주는 태도		확신	98.6%
			용기	67.7%
			배움	75.8%
			절제	56.8%
			긍정	86.2%

강점의 긍정 발현 태도	**61%**		진정성	79.4%
	강점의 긍정적 발현을 돕는 태도		책임	11.3%
			공정	27.1%
			배려	97.5%
			관용	71.2%
			겸손	80.5%

24개 기본 직무 적합도 (• 강점, 관심 분야, 전공 반영)

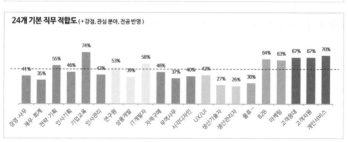

경영·사무 41% / 재무·회계 35% / 전략·기획 55% / 인사기획 46% / 기업교육 74% / 인사관리 42% / 연구원 53% / 상품개발 39% / IT개발자 58% / 자재구매 46% / 무역사무 37% / 시각디자인 40% / UX/UI 42% / 생산기술자 27% / 생산관리자 26% / 물류… 30% / B2B 64% / 마케팅 63% / 고객응대 67% / 고객지원 67% / 개인서비스 70%

직무적합 DNA와 핵심 가치 DNA가 정의되어 있을 때 좋은 점이 한 가지 더 있습니다. 예를 들어, 어떤 회사의 전략기획 직무에 필요한 직무적합 DNA로 추진력과 창의적 사고가 있다고 합시다. 해당 DNA를 갖추고 있고, 핵심 가치 DNA 점수도 높은 사람이 '연구직'으로 지원했다면 어떻게 해야 할까요? 같은 회사지만 연구직은 전략기획과 전혀 다른 재능이 필요할 수 있습니다. 만약 직무별 고성과 유형을 관리하지 않았다면 해당 인재는 연구직 채용 프로세스를 그대로 밟게 되고, 면접 단계에서 탈락할 가능성이 높습니다. 또는 운 좋게 연구직으로 합격해 입사하지만, 그다지 성과를 내지 못하고 본인의 진로에 대해 계속 고민하며 행복하지 않은 직장 생활을 겪게 될 수도 있습니다.

직무별 고성과 유형이 정리되어 있다면 해당 인재에 대해 전략기획 직무는 관심이 없는지 회사에서 먼저 제안할 수 있습니다. 실제로 태니지먼트 팀이 강점 기반의 채용을 적용했던 과거 회사의 경우, 전체 합격자의 약 10% 정도가 본인이 지원했던 직무와 다른 직무를 채용팀에서 제안해 받아들인 경우였습니다. 지원자들도 본인의 강점과 재능을 잘 모르고 단지 전공에 따라, 혹은 남들이 유망하다는 직종으로 지원하는 경우가 많습니다. 한 명의 인재가 아쉬운 상황일수록 지원자 본인도 모르고 있는 재능을 발견하여 더 적합한 위치로 배치하는 과정이 필요합니다. 직무별 고성과 유형과 지원자의 재능, 둘 모두를 알고 있어야만 가능한 일입니다.

다만 채용 리포트를 활용할 분(인사팀, 면접관, 리더 등)은 채용 리포트가 지원자를 평가하는 도구가 아님을 충분히 인지해야 합니다. 핵

강점 발견

심 가치 DNA는 지원자가 우리 회사의 핵심 가치에 어울리는 행동을 자연스럽게 할 상대적 가능성을 보여주는 도구입니다. 서로가 문화적으로 어울리는가의 문제이지 옳고 그름의 문제가 아닙니다. 내가 나일 수 있는 조직을 만들기 위한, 서로 불행한 만남이 될 확률을 줄이기 위한 참고 지표 정도로 이해하는 것이 좋습니다. 또 편견을 가지지 않도록 입사 후에는 직무적합/핵심 가치 DNA는 폐기하고 강점·재능·태도로 커리어 개발 방향을 같이 설계해가세요. 특히 당사자에게 본인의 채용 리포트를 보여주는 것은 오해와 혼란을 가져다줄 가능성이 높으니 주의하기 바랍니다.

태니지먼트 리포트는 지원자가 가진 재능과 강점, 태도를 종합적으로 보여줍니다. 하지만 1부에서 강조했듯이, 진단 결과는 지원자의 잠재력과 상대적인 성향을 알려주는 것일 뿐 강점이 실제로 얼마나 개발되어 있는지는 파악하기 어렵습니다. 그래서 재능에 대한 검증을 면접 과정에서 진행합니다.

재능의 개발 정도를 검증하는 첫 번째 방법은 결과물을 확인하는 것입니다. 디자이너는 포트폴리오를, 개발자라면 샘플 코드를 보여달라고 할 수 있습니다. 이전 회사에서 작업한 결과물을 제출할 수 없는 상황이라면 면접 과정에서 이전 회사에서 한 일을 설명해달라고 질문하면 됩니다.

물론 결과물을 검증하는 과정은 꼭 필요하지만, 몇 가지 한계가 있습니다. 우선 지원자가 혼자 작업한 결과물이 아닐 경우 지원자의 역할과 기여도를 평가하기 어렵습니다. 또한 일하는 과정에서 다른 팀원들과 어떤 식으로 소통하고 협업하는지도 결과물만 보고는 확인할 수 없지요.

만약 지원자의 재능이 무엇인지 이미 알고 있다면 아래와 같이 개발 여부를 직접적으로 질문하는 방법을 추천합니다. 지원자의 답변을 통해 스스로 자신의 재능을 인지하고 있는지, 재능을 개발하기 위해 어떤 노력을 하고 있는지 파악할 수 있습니다.

재능 파악을 위한 질문 예시

계획	Q. 어떤 조직에서 일의 절차나 프로세스를 만든 경험이 있습니까? Q. 당신이 원하는 일정대로 진행이 되지 않을 때, 스트레스를 어떻게 관리합니까?
공감	Q. 다른 사람의 감정을 이해하는 것은 당신을 어떻게 탁월하게 만들어주고 있습니까? Q. 다른 사람을 냉정하게 평가해야 할 때, 어떤 어려움이 있습니까?
논리	Q. 데이터를 통해서 직관적으로 발견하지 못했던 유의미한 분석결과를 만들어낸 　경험이 있습니까? Q. 근거 없이 직관적인 주장을 하는 사람들을 어떻게 설득합니까?
몰입	Q. 당신이 지금까지 무언가를 하면서 가장 집중하고 열정적으로 한 일은 무엇입니까? Q. 당신에게 관심이 없거나 중요하지 않다고 생각하는 일을 어떻게 관리합니까?
문제 발견	Q. 다른 사람들은 발견하지 못했지만 당신의 눈에만 보이는 문제를 발견하고 　개선한 경험이 있습니까? Q. 대안은 보이지 않지만 문제점이 보이는 명확한 문제는 팀에서 어떻게 다룹니까?
비교	Q. 경쟁 상대와의 전력 비교를 통해 경쟁 전략을 수립한 경험이 있습니까? Q. 지나친 승부욕으로 팀의 분위기가 다운된 적은 없습니까?
양성	Q. 다른 사람을 성장시켜서 뿌듯했던 경험이 있습니까? Q. 시간이 별로 없는데 다른 사람이 그 일을 할 수 있는 능력이 없을 때, 어떻게 　도울 수 있습니까?
완벽	Q. 다른 사람들이 기대했던 수준보다 더 뛰어나고 집요하게 일을 해낸 경험이 　있습니까? Q. 다른 사람은 만족하지만 당신의 기대 수준에는 못 미칠 때 어떻게 행동합니까?
주도	Q. 팀이나 조직의 대표자를 성공적으로 수행했던 경험과 실패했던 경험이 있습니까? Q. 다른 사람이 당신의 뜻대로 움직이지 않을 때 어떻게 합니까?
창의	Q. 당신이 설계한 것 중 가장 의미 있다고 느낀 아이디어는 무엇입니까? Q. 당신의 아이디어가 현실성을 갖게 하기 위한 방법은 무엇입니까?
표현	Q. 다른 사람들을 대변해서 무대에 섰던 가장 인상 깊은 장면을 설명해주겠습니까? Q. 당신은 말을 많이 합니까, 듣는 것을 많이 합니까? 그 이유는?
행동	Q. 다른 사람들이 주저하고 있을 때, 당신의 행동력으로 문제를 해결했던 경험이 　있습니까? Q. 일이 당신의 생각대로 되지 않고 진척되지 않아 답답할 때 어떻게 합니까?

태도 또한 마찬가지입니다. 지원자의 태도 중 빨간 과락선에 못 미치거나 상대적으로 낮은 영역이 있다면 다음과 같은 질문을 통해 이를 검증할 수 있습니다. 조직에서 특히 중요하게 여기는 태도가 있다면 역시 이 과정에서 확인이 가능하며, 지원자에게도 우리 회사가 어떤 부분에 민감한지 미리 설명해주는 것이 좋습니다.

태도 파악을 위한 질문 예시

용기	Q. 당신이 가장 두려워하는 것은 무엇입니까? Q. 성장 가능성도 있지만 위험 가능성도 매우 높은 회사가 있다면 선택하겠습니까? Q. 가장 용기 있게 선택한 경험을 말씀해주십시오.
배움	Q. 당신은 최근 6개월간 성장하고 있다고 느낍니까, 정체되고 있다고 느낍니까? Q. 당신이 최근에 가장 성장했다고 느끼는 것은 무엇입니까? Q. 당신이 성장하기 위해 노력하고 있는 방법들은 어떤 것이 있습니까?
책임	Q. 끝까지 마무리하지 못하고 책임을 다하지 못했던 것은 무엇입니까? Q. 다시 진행한다면 책임을 다하기 위해 할 수 있는 방법은 무엇입니까? Q. 어려운 상황에서 책임을 다한 경험은 무엇입니까?
관용	Q. 주변 사람들의 행동 중, 당신이 절대로 용서할 수 없는 행동 3가지는 무엇입니까? Q. 그런 상황이 올 때 주로 어떻게 행동합니까? Q. 이런 상황을 잘 해소한 경험이 있습니까?

태니지먼트 채용 리포트는 지원자가 어떤 강점, 재능, 태도를 가지고 있는지에 대한 정보뿐 아니라 면접에서 검증해야 할 질문들까지 함께 제공합니다(좀 더 자세한 소개는 부록을 참고해주세요).

강점 발견

채용 리포트 질문 예시

자발적 성장	80	항상 자신의 부족함과 결핍을 찾고 성장하고자 노력한다.

Q. 짧은 시간 동안 새롭고 어려운 것을 배워야 했던 상황을 말씀해주십시오. 어떤 방식으로 배웠습니까?

Q. 아무도 도와주지 않는 상황에 고립되었던 경험을 말씀해주십시오. 어떻게 행동했습니까?

☐ 자신의 한계를 발견하고 스스로 성장하기 위해 노력한 경험이 있는가?
☐ 성장하고자 하는 열정과 노력이 보이는가?
☐ 끊임없이 성장하기 위해 노력하는 습관이 있는가?
☐ 게을러서 성장을 방치하지 않는지 점검

투명한 의사소통	40	서로에게 필요한 이야기라면 불편한 상황을 감수하더라도 겸손한 태도로 정확하게 의견을 전달한다.

Q. 기대에 못 미치는 동료나 친구에게 정확한 의견을 제시해야 했던 경험을 말씀해주십시오.
　기대에 미치지 못했던 이유는 무엇이었습니까?

Q. 마음에 들지 않지만 동료나 친구가 상처받을 것 같아 솔직히 이야기하지 않았던 경험을 말씀해주십시오.
　정확히 표현하지 않았던 것은 어떤 부분입니까?

☐ 솔직하고 건강한 의사소통을 통해 문제를 직면하고 해결한 경험이 있는가?
☐ 자신의 실수를 솔직하게 이야기할 수 있는 용기가 있는가?
☐ 솔직한 대화를 위해 무례하지 않게 상대방에 대한 배려와 겸손의 태도도 신경 쓰는가?
☐ 중요한 대화를 직면하지 않고 피하는 경향이 있는지 점검

〈하버드비즈니스리뷰Harvard Business Review〉의 전 편집장이었던 조안 마그레타Joan Magretta는 저서 《경영이란 무엇인가》에서 "경영의 역할은 개인의 재능을 발견하여 성과에 기여할 수 있는 위치에 배치하는 것이다."라고 이야기했습니다. 스포츠 분야에서도 별로 빛을 발하지 못하던 선수가 명장을 만나 자신의 재능을 더 발휘할 수 있는 포지션으로 옮겨 한 단계 성장하는 경우를 볼 수 있습니다.

배치에서도 기본은 각 직무별로 어떤 강점이 고성과를 내는지 확인하여 그에 맞는 인재를 배치하는 것입니다. 다만 채용과 다른 점은 기존의 팀 멤버들과의 조합도 고려해야 한다는 것입니다. 예를 들어, 상품기획자·영업기획자·디자이너·생산담당·광고담당으로 이루어진 브랜드에 영업기획자를 새로 투입해야 하는 상황이라면, '후보자가 영업기획자로서의 직무적합 DNA를 갖췄는지'와 '후보자가 이 브랜드의 팀 다이어그램에서 약한 영역을 채워줄 수 있는지', 두 가지를 모두 검토해보는 것이 좋습니다. 맡은 업무에서 성과를 낼 수 있는지 측면에서는 1번이 우선이지만, 다른 조건이 비슷한 후보자가 여럿일 경우 2번을 고려하는 것이 팀의 성과에 도움이 됩니다.

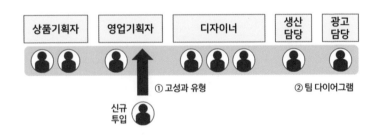

브랜드에 영업기획자를 신규 투입할 때 고려해야 할 것

강점 기반의 인재 배치가 이루어지면 가능해지는 것이 두 가지 있습니다. 바로 강점 기반의 CDP 설계와 발탁입니다.

물류팀에 인원을 충원해야 하는 상황을 예로 들어봅시다. 기존의 인사 제도에서는 보통 과거 경력에 따라서만 배치가 이루어집니다. 물류팀 경험이 있는 사람을 이동시키는 것을 우선 고려하고, 어려울 경우 경력직 채용을 알아보게 됩니다. 물론 물류 경험이 없는 사람을 이동시키는 경우도 있지만, 적합한 사람인지 판단하기 어렵고 희망자 중에서 선발하는 경우가 대부분입니다.

강점 기반으로 배치할 때는 회사 내에서 대상자를 찾기 좀 더 수월해집니다. 이 회사의 물류팀에서 중요한 재능이 '단순화', '계획', '문제 발견', '완벽'이라고 한다면, 물류팀 경험자가 없다 해도 해당 재능을 갖춘 사람들을 후보자로 두고 검토할 수 있습니다. 영업기획이나 상품기획 중에서도 물류팀에 어울릴 만한 인재를 찾을 수 있고, 선별한 후보들과의 면담을 통해 본인 의사를 파악한 후 결정을 내려도 됩니다. 본인이 이동을 희망하는 경우에도 과거 경험뿐 아니라 이 사람이 가진 재능을 보고 적격 여부를 판단할 수 있습니다. 물론 개발자나 디자이너, 연구원처럼 특정 분야의 지식과 스킬이 중요한 직무라면 이러한 방식의 배치가 어려울 수 있겠지만, 생각보다 많은 직무가 과거 경력보다 재능의 적합도를 따져 배치해야 더 좋은 성과를 냅니다.

발탁은 해당 직책의 평균적인 경력이나 연차에 못 미치는 사람을 직책자로 선발하는 것을 뜻합니다. 경영자 일가라도 되지 않는 한 일반적인 회사에서 발탁이 이루어지는 경우는 거의 없고, 있더라도 팀원으로서 기대 이상의 높은 성과를 낸 사람에 대해 이루어지는 경우가 대부분입니다. 하지만 팀원으로서 낸 성과에 대한 보상으로 직책을 맡기는 것은 팀 성과에 오히려 안 좋은 영향을 미칠 수 있습니다. 특히 일반 팀원이 직책자가 되면서 여러 직무를 아울러야 하는 경우, 특정 직무에서의 성과만으로 직책자를 고르기는 더욱 어렵습니다. 팀원일 때의 직무적합 DNA와 리더로서의 직무적합 DNA가 다를 수 있기 때문입니다.

이런 경우에 해당 직책의 직무적합 DNA가 파악되어 있다면 조금 더 과감한 발탁이 가능해집니다. 현 직무에서 높은 성과를 내고 있을 뿐 아니라 그 위 직책에서도 자기 강점을 발휘할 수 있을지 예측 가능하기 때문입니다. 다만, 직책자의 경우 단순히 업무를 통해 성과를 내는 것이 아니라 사람을 관리해야 하기 때문에 직무적합 DNA와 함께 해당 인재의 리더십 스타일이 조직에 적합한지까지 한 번 더 고려해야 합니다.

실제로 이전 회사에서 경력 8년차 대리급 인재를 연 매출 3,000억 원대 SPA브랜드의 리더로 발탁한 적이 있습니다. 당시 해당 인재는 30대 중후반이었고, 그 아래 직원들은 대부분 40대 초중반이었습니다. 발탁 소식을 접한 직원들은 회사의 결정을 의아하게 생각했고, 사내에는 발탁된 인재가 실패할 것이라는 부정적인 소문도 많았습니다. 해당 인재가 채용과 물류 경험이 있을 뿐, 어쩌면 브랜드에서 가장 중요하다고 볼 수 있는 상품기획이나 영업 경험이 없었기 때문입니다.

하지만 발탁된 인재는 채용 때부터 데이터를 다루고 활용하는 데 탁월한 강점이 있다는 것을 알고 회사에서 지속적으로 강점을 활용할 수 있도록 키워온 사람이었습니다. 커리어 초기에는 인사실 소속으로 주로 사람에 대한 데이터를 분석했으며, 이후엔 물류팀에서 재고 관리와 배송에 대한 여러 데이터를 다뤘습니다. 그리고 회사는 SPA 사업이 중요한 변곡점을 맞았을 때, 가장 필요한 역량이 데이터를 기반으로 결정을 내리는 능력이라고 판단하여 해당 인재를 과감하게 발탁한 것입니다. 발탁된 본인도 분석에 특별한 강점이 있다는 것을 인식하고 있었고, 이를 어떻게 활용해야 하는지 알고 있었습니다. 그래서 처음 발탁 시에는 약간의 소음이 있었지만 시간이 지나자 매우 탁월한 성과가 나기 시작했고, 다른 사업부의 본부장들도 어떻게 이런 성과를 낼 수 있는지 오히려 배워 가기 시작했습니다.

발탁에서 주의할 점은 발탁되지 못한 사람들이 불만을 가지거나 시기할 수 있다는 점입니다. 연차에 따라 본인이 당연히 다음 차례라고 생각하는 사람이 있었다면 발탁된 리더를 탐탁지 않게 여기거나, 심지어 성과를 내지 못하도록 방해할 수도 있습니다. 경험이나 예전의 성과만으로는 발탁 이유를 나머지 조직에 납득시키기 어려울 수 있는데, 대상자가 해당 직책의 직무적합 DNA를 갖췄다면 이를 설득의 한 포인트로 활용할 수 있습니다.

전체 직책자 선발 중 10% 정도만 발탁으로 이루어져도 조직에 큰 파급력을 불러일으킵니다. 직무적합 DNA와 리더십 스타일이 적절하게 고려된다면 비즈니스에 새로운 혁신을 불러일으킬 수도 있지요. 특히 비즈니스가 어려운 상황에 놓여 있다면 인재의 강점을 정확하게 파악하여 적시에 발탁함으로써, 반전의 계기를 만들 수 있습니다. 안정적인 조직에서도 발탁이 일어난다면 대리·과장급 인재들이 본인이 강점을 어떻게 개발하는지에 따라 남들보다 빠르게 직책을 맡을 기회가 있다고 느끼고 동기부여가 됩니다. 만약 인재들이 리더가 될 기회를 찾아 스타트업 같은 작은 조직들로 떠나는 것이 고민이라면 한두 명의 시범 케이스라도 발탁을 고려해볼 필요가 있습니다.

강점 대화를 통한 인재 개발과 유지

평가의 목적은 무엇일까요? 인텔의 전 CEO 앤디 그로브는 평가의 목적을 '직원의 성과를 향상시키는 것'이라 정리합니다. 하지만 많은 조직에서 평가는 팀원들을 성장시키는 원동력이기보다 보상을 위한 근거 자료로서의 의미가 더 강하고, 그러다 보니 많은 부작용이 발생합니다. 《평가 제도를 버려라》의 저자 팀 베이커Tim Baker는 기존 평가 제도의 문제점을 다음과 같이 이야기합니다.

- 비용이 많이 든다.
- 건설적이지 못하다.
- 대화가 아닌 독백으로 끝나는 경우가 많다.
- 딱딱한 형식이 자유로운 토론을 막는다.
- 빈도가 너무 낮게 이루어진다.

강점 발견

- 단순한 서류 작성으로 끝나고 만다.
- 후속 조치가 취해지는 경우가 드물다.
- 대부분의 사람들이 부담스럽게 생각한다.

이러한 문제점을 보완하기 위해 많은 회사들이 기존의 평가 제도에 더해 수시로 팀원들과 대화를 나누는 것을 강조하거나, 아예 상시 피드백으로 평가 제도를 대체하기도 합니다. 평가의 큰 트렌드는 다음과 같이 정리할 수 있습니다.

- 등급 부여 중심 → 대화 중심
- 반기/연간 피드백 → 상시/최소 월 단위 피드백
- 상대평가 → 절대평가

문제는 많은 리더들이 이러한 대화를 부담스러워한다는 것입니다. 기껏해야 지금 맡은 일을 잘하고 있는지에 대한 간단한 피드백이나 회사 생활에 어려움이 없는지 정도를 물어보는 수준이지요. 팀원들의 강점을 개발하여 '성과를 향상할 수 있는' 대화는 거의 없습니다. 매번 비슷한 대화가 이루어지니 리더도, 팀원도 점점 면담 시간을 요식행위로 받아들이게 됩니다.

이러한 고민을 돕기 위해 태니지먼트는 리더들에게 '강점 대화'를 제안합니다. 강점 대화는 다음과 같은 순서로 이루어집니다.

- 인식 → 개발 → 지원

강점 대화의 시작은 자신의 강점을 인식하고 이를 통해 팀에 어떻게 기여할지 생각해보는 것입니다. 리더 입장에서는 팀원의 강점에 대해 한 번 더 생각해볼 수 있고, 이 팀원에게 무엇을 기대해야 하는지 조금 더 명확하게 인식할 수 있습니다.

강점 인식

Q. 당신이 지금까지 가장 탁월하게 잘할 수 있었던 경험이나 업무는 무엇인가요?

Q. 당신의 강점을 어떻게 활용하고 있나요? 개발되었다고 느끼는 부분은 무엇인가요?

팀 역할

Q. 팀에서 당신의 강점을 활용해 기여하고 싶은 부분은 무엇인가요?

Q. 당신이 강점을 활용해 도울 수 있는 팀원은 누구인가요? 어떻게 도와줄 수 있나요?

Q. 팀에서 당신에게 요구하는 가장 중요한 역할은 무엇이라고 생각하나요?

강점 대화의 두 번째 파트는 개발 대화입니다. 팀원이 가진 6가지 재능을 어떻게 개발할지, 또는 팀원의 태도 중 부족한 부분을 어떻게 보완할지 대화를 나누게 됩니다. 일부 재능·태도에 대한 질문 예시입니다.

사교

Q. 당신이 새로운 사람을 만나기 위해 가야 하는 곳은 어디인가요?

Q. 당신이 많은 친구들과 관계를 지속적으로 유지하기 위해 노력할 것은 무엇인가요?

피드백

Q. 당신의 과거 경험 중, 오늘의 고민에 적용할 수 있는 사건은 무엇인가요?

Q. 과거의 패턴을 관리하는 당신의 노하우는 무엇인가요?

진정성

Q. 당신이 가장 진심을 다해 하고 있는 일은 무엇인가요?

Q. 당신이 하고 싶지 않은 일을 해야 할 때, 어떻게 행동하나요?

지원 대화하기

강점 대화의 마지막 파트는 리더의 지원에 대한 대화입니다. 팀원이 강점을 더 활용하고 개발하기 위해서 업무를 조정하거나, 환경을 변화시키거나, 그 외 도움을 줄 수 있는 부분이 있는지 대화 과정을 통해서 발견하게 됩니다.

혁신과 개선

Q. 당신의 강점을 업무에서 탁월하게 활용할 수 있는 방법은 무엇일까요?

Q. 팀에서 아직 다 사용하고 있지 못한 강점은 무엇인가요?
어떻게 개선할 수 있을까요?

성장

Q. 당신이 하고 있는 일에서 완전히 탁월하다고 생각하는 업무는 무엇인가요?

Q. 어떤 업무가 개선이 필요하다고 생각하나요? 어떤 노력을 할 수 있을까요?

Q. 다음 분기(기간) 동안 꼭 달성하고 싶은 목표는 무엇인가요?

도움

Q. 당신이 강점을 잘 활용하려면 어떤 변화나 도움이 필요한가요?

Q. 목표를 달성하기 위해 활용할 수 있는 강점은 무엇인가요?

　필요한 도움은 무엇인가요?

태니지먼트에서는 리더들이 강점 대화를 진행할 수 있도록 팀 리포트에 개인별 강점 관리 대화 질문지를 담았습니다. 하나의 팀 리포트에 3회분의 질문지가 제공됩니다.

김재능 님 코칭 대화

(1회)

강점 코칭 대화

강점 인식
Q. 강점 리포트를 보면서, 가장 와 닿았거나 의미 있게 발견한 재능(강점 · 태도)은 무엇인가요?
Q. 당신이 지금까지 가장 탁월하게 잘할 수 있었던 경험이나 업무는 무엇인가요?

사교
Q. 당신이 새로운 사람을 만나기 위해 가야 하는 곳은 어디인가요?
Q. 당신이 많은 친구들과 관계를 지속적으로 유지하기 위해 노력할 것은 무엇인가요?

완벽
Q. 하고 있는 일 중, 더 잘하고 싶은 것은 무엇인가요?
Q. 더 잘하고 싶은 당신의 욕구는, 당신과 팀에 어떤 유익함을 주고 있나요?
   팀이 지체되게 하는 것은 무엇인가요?

배움
Q. 당신이 관리해야 하는 태도는 무엇인가요? 어떤 노력을 할 수 있을까요?
Q. 요즘 새롭게 배우고 있는 것은 무엇인가요?
Q. 당신에게 배움을 주는 사람은 누구인가요? 배움을 갖는 모임은 무엇인가요?

몰입도 코칭 대화

몰입도
Q. 당신은 현재 하고 있는 일에 얼마나 몰입하고 있나요? 그 이유는 무엇인가요?

인정
Q. 최근에 받았던 인정 중, 가장 기분이 좋았던 것은 무엇인가요?
Q. 앞으로 어떤 부분을 더 인정받고 싶나요?

성취감
Q. 당신에게 팀이나 제가 기대하고 있는 일은 무엇이라고 생각하나요?
Q. 이 일을 달성하기 위해 제가 어떤 것을 도와드리면 좋을까요?

성과 코칭 대화

팀 역할
Q. 팀에서 당신의 강점을 활용해 기여하고 싶은 것은 무엇인가요?

혁신과 개선
Q. 현재 하고 있는 일에서 탁월하다는 것은 어떤 모습인가요?
Q. 당신의 강점을 활용해 혁신하거나 도전할 수 있는 과제는 무엇인가요?

성장
Q. 당신은 이 일을 하면서 어떤 성장을 하고 있다고 느끼나요? 어떤 성장을 하고 싶은가요?
Q. 당신의 강점 활용과 성장을 위해 앞으로 어떤 노력을 할 수 있나요?

개발 지원 대화

도움
Q. 당신의 탁월한 업무 수행과 몰입을 위해, 팀이나 제가 무엇을 도와주면 좋을까요?

팀 리포트 강점 관리 질문 예시

　강점 대화 질문들은 앞서 팀 다이어그램과 함께 설명했던 역할 기술서와 서로 연결되어 있습니다. 면담 대상자가 미리 본인의 역할 기술서를 작성했다면 강점 대화를 더 수월하게 진행할 수 있습니다.

리더가 역할 기술서를 미리 보고, 대화할 내용을 정리한 후에 면담을 진행한다면 훨씬 더 효과적인 면담 시간이 될 것입니다.

그리고 강점 대화 질문지의 질문들로 대화를 시작하되, 대화는 '면담 대상자의 감정에 공감하고, 격려·위로해주는 대화', '면담 대상자의 강점 개발을 지원해줄 방법에 대한 대화'의 방향으로 흘러가는 것이 좋습니다. 단순히 팀원의 강점을 파악하는 선에서 대화가 끝나거나, 리더가 더 이야기를 많이 하고 팀원은 듣기만 하는 대화는 별로 바람직하지 않습니다.

조직마다 리더 한 명당 관리하는 팀원의 수가 차이가 납니다. 10~15명 내외의 팀이라면 적어도 두 달에 한 번씩은 각 팀원과 일대일로 대화를 나누고, 10명 미만의 팀이라면 매달 대화를 나누는 것을 추천합니다. 그러려면 우선 리더가 면담 시간을 확보해야 합니다. '매주 금요일 11시부터 12시', '매주 화요일 5시부터 6시'처럼 고정된 시간을 떼어놓고, 팀원들이 그 시간에 면담을 신청하게 하면 강점 대화가 좀 더 자연스럽게 정착될 수 있습니다. 구조화된 질문이 있다면 한 사람당 20분 정도면 충분할 수도 있습니다.

대화 과정에서 가장 중요한 것은 리더가 정말 팀원들의 강점이 중요하다고 생각하는가입니다. 강점이 중요하고 강점에 맞는 역할을 할 때 탁월한 성과를 낼 수 있다는 근본 가정에 동의하지 않으면, 강점 대화 자체가 성립하지 않습니다. 또 지원에 대한 질문도 대화에서 끝나는 것이 아니라 약속한 도움을 실제로 제공해줘야 진정성 있는 대화를 이어갈 수 있습니다.

강점 발견

여정의 시작

지금까지 재능과 강점, 태도에 대해 이야기를 나눴습니다. 강점을 어떻게 발견하고 개발할 수 있는지, 팀에서 강점을 어떻게 활용할지에 대해서도 살펴보았습니다. 태니지먼트 진단을 해보고 이 책을 읽으셨다면 자기 자신에 대해 깊이 이해할 수 있는 시간이 되었을 것입니다.

하지만 태니지먼트 진단과 이 책은 지도와 나침반에 불과합니다. 길을 걷지 않으면 지도와 나침반이 소용없듯이, 개발하지 않은 재능과 태도는 온전한 내 것이 아닙니다. 여러분이 자기 강점을 꾸준히 생각하면서 개발할 수 있도록 몇 가지 팁을 드리겠습니다.

첫 번째는 강점과 재능을 눈에 보이는 곳에 써두는 것입니다. 재능을 개발하는 데 가장 큰 방해 요인은 자신의 재능이 무엇이었는지 잊어버리는 것입니다. 포스트잇에 강점과 재능을 써서 집이나 사무실 책상 위에 붙이셔도 좋고, 잘 보이는 벽에 붙여두셔도 좋습니다. 만약 다이어리에 강점을 써두고 싶다면 맨 앞표지에 한 번만 쓰지 마시고 주간 계획을 세우는 페이지에 쓰기 바랍니다. 매주 시작할 때마다 자기 재능 6가지를 쓰며 시작하는 것입니다.

두 번째는 매일 내가 어떤 재능을 활용했는지 체크하는 것입니다. 다이어리에 짧게나마 오늘 어떤 재능을 어떤 맥락에서 사용했는지, 그때 기분이 어땠는지 메모를 남겨보세요. 이러한 과정을 통해 자기 강점도 조금 더 명확하게 인식하고, 어떻게 개발해야 할지 더 구체적으로 알 수 있습니다. 물론 체크보다 더 중요한 것은 처음부터 계획을 잘 세우는 것입니다. 자기 강점을 더 많이 사용할 수 있는 쪽으로 잡 크래프팅을 해보고, 같은 일을 하더라도 어떻게 접근해야 오늘 하루 내 재능을 더 활용할 수 있을지 생각해보세요.

세 번째는 주변 사람들에게 내 재능을 알리는 것입니다. 부끄럽게 느낄 수도 있지만, 주변 사람들도 나의 강점을 알고 있어야 그에 맞는 기대치를 설정합니다. 강점에 맞는 팀 역할을 부여받고, 못하는 부분을 요구받지 않으려면 적극적으로 자신의 강점에 대해 이야기해야 합니다. 또 이런 과정을 통해 주변 사람들이 여러분의 강점 개발을 도와줄 수도 있습니다.

올바른 곳에 시간과 노력을 투자할 때 '내가 나일 수 있는 삶'이 당신을 기다리고 있을 것입니다. 이 책을 읽는 모두가 자신만의 탁월한 삶을 살길 진심으로 응원합니다.

강점 발견

부록

—

부록1
우리나라 사람들의 강점·재능·태도

태니지먼트 회원들의 강점과 재능 분포

지금까지 이 책을 읽으신 분들은 강점이 왜 중요한지 그리고 각 강점과 재능, 태도마다 어떤 특징이 있는지 알게 되셨을 것입니다. 그리고 태니지먼트 진단을 하신 분이라면 자신의 강점과 재능이 무엇이며, 좋은 태도와 보완해야 할 태도가 무엇인지까지 발견하셨을 것입니다. 그런데 자신을 알게 되면 자연스럽게 나 같은 사람이 많은지 궁금해집니다. 우리나라 사람들이 평균적으로 가진 강점·재능·태도를 이야기하기 전에, 여태까지 태니지먼트 진단을 진행한 회원 수에 대해 살펴보려 합니다.

이 책을 쓰고 있는 시점(19년 8월) 기준으로 총 5,164명이 태니지먼트 회원으로 가입되어 있습니다. 여러 기업에서 강점 워크숍을 진행하며 가입한 분이 1,673명, 자발적으로 태니지먼트 앱을 다운받아 가입한 분이 3,491명입니다. 워크숍을 진행한 기업들로는 스타트업·중견 기업·대기업·준공공기관이 모두 포함되어 있고, 산업은 주로 IT 기업에 편중되어 있습니다. 개인적으로 가입한 분들은 어떤 산업에 종사하고 있는지 데이터를 수집하지 않았습니다.

이 중 진단을 끝까지 완료한 분이 4,114명이고, 생년월일까지 제대로 입력한 분이 4,048명입니다. 전체 회원 분석과 함께 밀레니얼 세대를 따로 보고 싶었기 때문에 이 4,048명을 기준으로 삼았습니다. 이 4,048명을 성별 및 연령별로 살펴보면 아래 표와 같습니다.

	인원수 (비율)
남자	1,808명 (44.6%)
여자	2,240명 (55.4%)

	인원수 (비율, 평균 생년)
90년대 이후 생	2,111명 (52.1%, 1998년생)
80년대 이후 생	1,937명 (47.9%, 1977년생)

실제 성비는 여자 100명당 남자 100.5명이며, 평균 연령은 42.2세입니다. 성비나 연령, 산업 분포를 볼 때 태니지먼트 진단 회원이 전체 국민을 온전히 대표한다고 보기는 어렵겠지만 4,000명이 넘는 모수 자체는 어느 정도 의미가 있다고 보고 분석을 진행했습니다.

우선 진단 회원의 평균적인 태니지먼트 휠은 아래와 같습니다.

전체 평균으로 보면 '동기부여'와 '완성'이 높고, '외교', '추진'이 가장 낮음을 알 수 있습니다. 진단 회원들의 Top 2 강점만 놓고 분포를 보면 더 뚜렷하게 드러납니다.

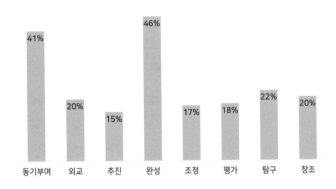

무려 다섯 명 중 두 명 이상은 자신의 Top 2 강점에 '완성'이나 '동기부여'가 있다는 뜻입니다. 나머지 강점들은 약 5~6명 중 한 명꼴로 분포되어 있습니다. 시험 점수 위주의 학창시절을 떠올려 본다면 완성이 높게 나오는 것이 아주 의외는 아닙니다.

그런데 동기부여가 높은 것은 눈에 띕니다. 이 결과를 보면서 '우리나라 사람들이 이렇게 동기부여를 잘했나?' 하는 생각이 드신다면, 역으로 '동기부여를 받고 싶어 하는 사람이 많다' 또는 '(기회만 주어진다면) 남들을 동기부여할 수 있는 사람이 많다'는 관점도 견지하시면 좋을 것 같습니다.

강점 발견

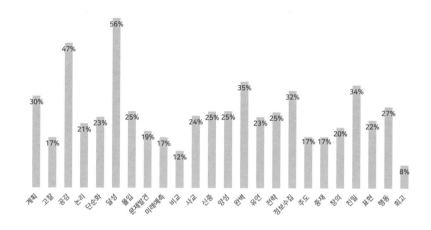

진단 회원들의 Top 6 재능 분포를 보아도 완성과 연결되는 '달성'과 '완벽', 동기부여와 연결되는 '공감'과 '친밀'이 높게 나타납니다. 반대로 유독 드문 재능도 눈에 보입니다. 과거에서 배우는 '회고' 재능이 있는 사람이 8%밖에 없습니다. 이 결과를 보면 조직에서 과거를 피드백하는 것이 왜 이렇게 어색하고 어려운지 이해할 수 있습니다. '비교'도 드물게 나타나는데, 우리나라 사람들이 남과 비교하기를 좋아하는 것을 생각하면 의아할 수도 있습니다. 이는 비교가 단순히 남을 의식하거나 질투하는 것이 아니라, 공통점·차별점·장단점을 이성적으로 비교하는 것이기 때문입니다. '엄마 친구 아들'은 너무 추상적이어서 나와 객관적으로 비교할 수 없는 존재입니다.

강점과 재능 통계에서 강조하고 싶은 점은 '많고 적음'으로 '좋고 나쁨'을 판단하면 안 된다는 것입니다. 다수의 사람이 보편적으로 보이는 특징을 이해하는 데 도움이 되는 정도로 참고하면 됩니다. 나와 같은 재능을 가진 사람이 많다고 해서 좋아할 일도 아니고, 반대로 내가 평범하다고 슬퍼할 일도 아닙니다. 누차 강조했듯이 앞으로 이 강점과 재능을 어떻게 개발해 나갈지가 중요합니다.

태니지먼트 회원들의 평균적인 태도

진단 회원들의 평균적인 태도 그래프는 아래와 같습니다.

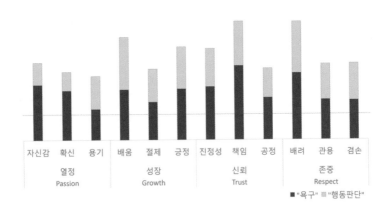

욕구와 행동판단의 합으로 따져보았을 때 '책임', '배려', '배움' 순으로 높게 나오고 있습니다. 태도가 전반적으로 팀워크와 연관이 있긴 하지만, 책임과 배려는 특히 조직에서의 집단생활을 의식하는 현대 직장인들의 모습이 반영되지 않았나 생각이 들었습니다. 배움 또한 학구열이 높은 우리나라 사람들의 특징 같기도 합니다.

낮은 것은 '용기'와 '절제', '공정', '관용', '겸손' 순입니다. 용기가 낮은 것은 강점 중에 추진의 비율이 가장 낮은 것과도 관련이 있습니다. 불확실한 순간에 한발 내딛는 것이 용기이기 때문에 강점으로는 추진, 재능으로는 행동이 높은 사람들이 용기도 높은 경우가 많습니다.

평균적인 그래프로 보면 어느 태도도 과락선(빨간 점선) 이하가 없어 보입니다. 하지만 실제로 모든 태도가 과락선 위에 있는 회원은 전체의 약 5%밖에 되지 않습니다. 한두 개 정도 빨간 점선 아래로 떨어진 태도가 있다 해도 지극히 평범한 경우이니 너무 걱정할 필요가 없습니다. 부족한 태도를 어떻게 보완할지 고민하고, 스스로 인식하고 노력하거나 주변의 도움을 받으면 행동판단으로 충분히 높일 수 있습니다.

밀레니얼 세대는 과연 다른가

'밀레니얼 세대'가 요즘 화두입니다. 회사마다 어떻게 하면 밀레니얼 세대를 이해하고 동기부여해서 함께 일할 수 있을지 골몰하고 있습니다. 특히 직원들을 채용하고 유지해야 하는 인사팀 입장에서 밀레니얼 세대를 이해하는 일은 매우 중요한 과업입니다. 기존 세대와 달리 업무에 몰입시키기도 어렵고, 조금만 마음에 들지 않으면 쉽게 회사를 그만두는 것처럼 보이기 때문입니다.

밀레니얼 세대는 그들만의 언어(갑분싸, 인싸, TMI 등), 정보를 얻는 특정 채널(네이버/구글 검색 대신 유튜브 검색) 등 기존 세대와 여러 방면에서 차이가 있습니다. 그런데 과연 가지고 있는 강점이나 재능, 태도에도 차이가 있을까요? 이 호기심을 해결하기 위해 진단 회원 중 1990년 이후 출생자를 밀레니얼 세대로 구분하여 나머지 회원들과 비교해보았습니다.

우선 밀레니얼 세대와 나머지 회원들의 평균적인 욕구 기반 강점과 행동판단 기반 강점을 비교해본 그래프입니다.

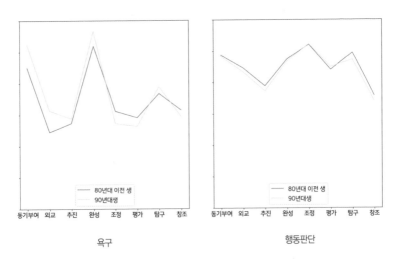

욕구   행동판단

우선 행동판단 강점이 상대적으로 비슷하게 나타났습니다. 진단에 참여한 밀레니얼 세대 중에는 대학생도 있고 사회 초년생도 있지만, '우리 사회에서 주로 어떤 강점을 요구하는가' 또는 '우리 사회에서는 어떤 강점을 주로 활용하는 것이 맞는가' 하는 판단에서는 기성세대

강점 발견

(80년대 이전 생)와 상당히 일치하는 인식을 보여줍니다. 이는 재능 단위로 쪼개보아도 마찬가지입니다. 아래 그래프를 보시면 욕구 기반 재능에 비해 행동판단 재능의 차이가 더 작은 것을 볼 수 있습니다.

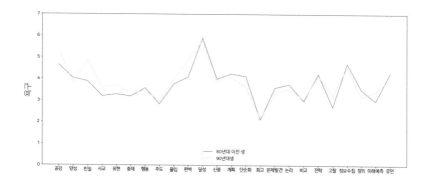

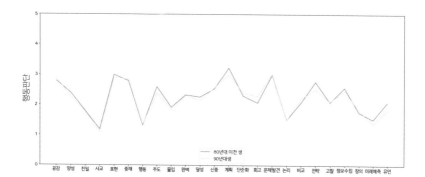

재능 평균 비교

행동판단 재능은 '유연', '전략', '주도'에서 그나마 차이가 있습니다. 과장해서 해석하자면 조직에서 나대면 안 되고(주도), 시키는 대로 해야 하며(유연), 그래서 비효율적으로 느껴져도 참아야 하는(전략) 위치에 있다고 느끼고 있는지도 모르겠습니다. 이 셋을 제외하면 행동판단은 기성세대와 상당히 비슷한 듯 보입니다.

반면에 내면의 욕구는 기성세대와 들쑥날쑥 차이가 납니다. 밀레니얼 세대는 '동기부여'와 '외교'가 기성세대보다 훨씬 높게 나타납니다. 재능을 들여다보면 '공감'받고 싶어 하고 '친밀'한 관계를 중요시합니다. 많은 사람에게(사교) 자신을 '표현'하고 싶어 합니다. SNS와 함께 자라난 세대임을 감안하면 뻔한 말 같기도 하지만, 실제 진단 결과로도 그렇게 나타나는 것입니다.

욕구 기준으로 밀레니얼 세대가 기성세대보다 높은 또 다른 재능은 '미래 예측', '고찰', '완벽'입니다. 논리적 비약일 수 있지만 저는 이 결과를 보면서 밀레니얼 세대의 불안함을 느꼈습니다. 욕구는 유전적 요인과 함께 청소년기 이전까지의 환경 및 학습적 요인이 반영되어 만들어지는 것입니다. 어릴 적 부모님이 IMF로 힘들어하는 것을 보았고, 청소년기에 서브프라임 위기가 왔고, 대학 시절 내내 취업이 안 될 수 있다는 불안과 끝없는 스펙 경쟁을 겪은 밀레니얼 세대입니다. 어떤 진로를 선택하는 것이 조금이라도 유리할지 '미래를 예측'하며, 행동하기 전에 깊게 '고찰'하고, 한 번에 '완벽'하게 하지 못하면 두 번 다시 기회는 없다고 생각하게 되지 않았을까요? 의외로 '유연'과 '창의'에서 밀레니얼 세대가 기성세대보다 더 낮게 나타나는데, 이 또한 정해진 규칙 안에서 이전 세대보다 더 심하게 경쟁해야 했던 모습을 보여주는 것이 아닐까 싶습니다.

밀레니얼 세대가 더 낮게 나타나는 다른 재능으로는 '단순화', '계획', '논리', '문제 발견' 등이 있습니다. 어쩌면 2000년대까지의 경영 패러다임에서 더 중요하게 여겨졌던 재능들입니다. 지금 시대는 '단순화'하기엔 너무 복잡하고, '계획'을 세우기엔 너무 빠르게 변하며, '문제를 발견'해서 '논리'적으로 접근하기보다 직관을 따라 빠르게 시도하고 빠르게 수정해야 하는, 효율성보다는 혁신이 강조되는 시대라 그런지도 모르겠습니다.

　태도는 욕구와 행동판단을 합친 값을 놓고 비교했습니다. 여기서는 큰 차이가 나타나지는 않았습니다. 밀레니얼 세대는 '책임감'이 없지도, '진정성'이 부족하지도 않습니다. 오히려 '배려'와 '긍정'은 기성세대보다 조금이나마 점수가 높습니다. '배움'이 조금 낮게 나왔지만, 고등학교까지 배우고 경쟁하며 살아온 것을 대학에서 누리며 보상받았던 기성세대와 달리, 밀레니얼 세대들은 취업 전까지 배우고 경쟁하며 살아온 것을 이제 누리며 보상받고 싶을 수 있습니다. 사실 이렇게 말하기엔 기성세대와 점수 차이가 너무 적고, 다른 태도들에 비해 상대적으로 높은 점수이긴 합니다.

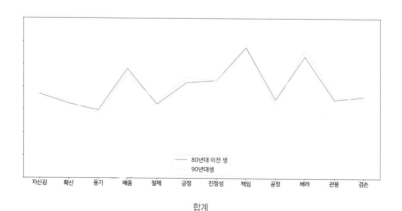

합계

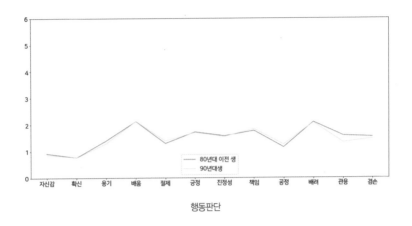

행동판단

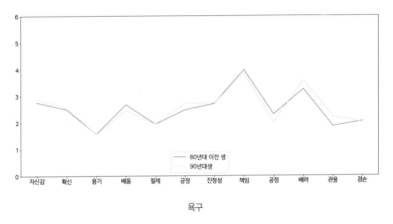

욕구

여기까지가 90년대 이후에 태어난 밀레니얼 세대와 80년대 이전에 태어난 기성세대를 나누어 강점·재능·태도를 분석한 결과입니다.

정리하자면, 밀레니얼 세대는 요구되는 역할이나 옳다고 생각하는 행동판단에서 기성세대와 인식이 크게 다르지 않습니다. 태도에 어떤 차이나 결함이 있는 것도 아닙니다. 다만 내면의 욕구는 분명 차이가 있습니다.

강점 발견

공감받고 싶어 하고 친밀한 소통을 추구하며, 깊게 생각하고 미래를 예측하여 더 완벽하게 하고 싶은 욕구가 있습니다. 이 특성을 이해한다면 밀레니얼 세대와 함께 협력하기가 한결 수월할 것입니다.

부록2
태니지먼트 리포트 및 교육/서비스 소개

태니지먼트 리포트 소개

태니지먼트 앱으로 강점 진단을 하면 다양한 용도의 리포트를 받아볼 수 있습니다.

강점 발견

개인용 강점 리포트

진단자의 욕구 기반/행동판단 강점과 상위 6가지 재능, 태도를 알려주는 기본 리포트로, 앱 진단 후 결제하면 누구나 받아볼 수 있습니다.

채용 리포트

지원자의 강점·재능·태도 상세 점수와 직무 적합/핵심 가치 DNA 점수, 맞춤 선별된 면접 질문지가 포함된 리포트로, '핵심 가치 및 업무 역량 진단'을 받은 후부터 신청 가능합니다

리더십 리포트

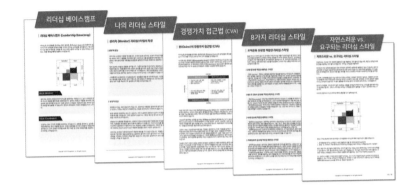

    진단자의 강점·재능·태도에서 발현되는 자연스러운 리더십 스타일과 조직이 지향하는 문화에 얼라인align된 리더십 스타일을 비교해 볼 수 있는 리포트로, '어떤 리더가 적합한 리더인가' 워크숍을 진행하면 받아볼 수 있습니다.

    리포트 샘플은 태니지먼트 홈페이지(tanagement.co.kr)에서도 확인할 수 있습니다.

태니지먼트 워크숍 소개

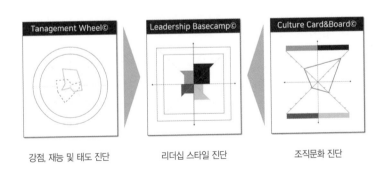

강점, 재능 및 태도 진단   리더십 스타일 진단   조직문화 진단

　　　　　　　　　　　　　　　　　　　　　강점 발견

개인 워크숍

본인의 강점 리포트 내용을 깊게 이해하고 나만의 한 문장을 만드는 '나를 해석하다'와, 재능에서 시작하여 세 가지 잡 크래프팅 방법을 실습해보는 '일의 의미를 찾는 잡 크래프팅' 워크숍을 진행하고 있습니다.

팀빌딩 워크숍 (전체 구성원 대상)

강점 기반의 협력적 잡 크래프팅Collaborative Job Crafting 과정인 '팀을 해석하다'와 퀸의 경쟁적 가치 접근법Competing Values Approach을 기반으로 조직문화를 진단하고 일하는 규율을 정의하는 '어떤 분위기의 팀을 만들 것인가'를 진행합니다.

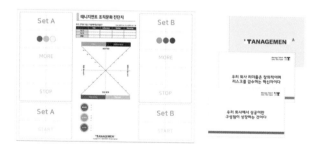

태니지먼트 Culture Board & Culture Card

리더십 워크숍 (중간관리자 대상)

리더십 스타일, 코칭 및 피드백, OKR 업무 관리, 성과 개발Performance Development, 몰입도 관리 등 리더의 인재 관리 역량 향상을 위한 다양한 워크숍을 진행합니다.

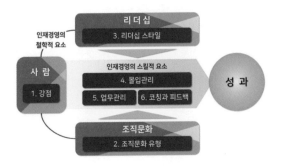

태니지먼트 워크숍 소개는 홈페이지(tanagement.co.kr)에서도 확인하실 수 있으며, 모듈 구성은 수시로 업데이트됩니다. 패스트캠퍼스의 온라인 강의 '리더를 위한 HR/인재경영 패키지'(www.fastcampus.co.kr/biz_online_hr)에서도 태니지먼트 콘텐츠를 만날 수 있습니다.

태니지먼트 컨설팅 소개

핵심 가치 및 업무 역량 진단

핵심 가치를 잘 지키는 구성원과 그렇지 않은 구성원, 각 직무별 고성과자와 저성과자 사이에 어떤 강점·재능·태도 면에서 차이가 있는지 통계적으로 분석하여 직무 적합 DNA와 핵심 가치 DNA를 도출합니다. 진단 이후에는 채용 리포트를 통해 지원자들을 검증하실 수 있습니다.

성과 개발 컨설팅

조직의 성과와 핵심 가치에 도움이 되는 평가·보상 제도를 어떻게 설계하면 좋을지 자문 서비스를 제공하고 있습니다.

태니지먼트 성과 개발 시스템 소개

태니지먼트는 강점을 기반으로
조직을 탁월하게 관리합니다

조직원 역량과 몰입도, 성과를 쉽게 관리하세요

탁월한 성과는 어떻게 만들어질까요? 조직원들이 자신의 일에 몰입할 때 조직의 성과는 극대화됩니다. 조직원들은 자신이 잘할 수 있는 일을 할 때, 그리고 그 일이 조직의 목표와 맞닿아 있어 조직원들에게 인정받을 수 있을 때 몰입도가 증가합니다.

태니지먼트는 강점 기반의 대화, 피드백, 인정을 통해 조직이 목표를 달성할 수 있도록 돕습니다. 개인이 조직의 목표 달성에 어떻게 기여할 수 있을지 리더와 구성원이 함께 전략을 수립하고 상호 소통할 수 있는 조직문화를 만들어갈 수 있습니다.

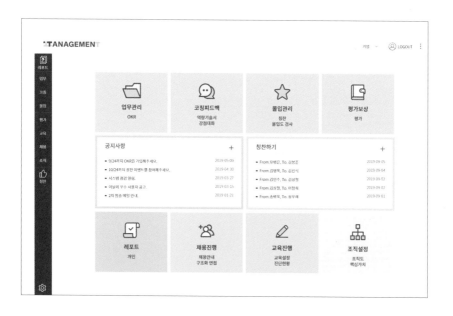

☐ 강점 진단   개인 리포트, 팀 다이어그램

☐ 업무 관리   OKR, 강점역할

☐ 코칭/피드백   역할 기술서, 1:1 강점 코칭

☐ 몰입 관리   사회적 칭찬, 몰입도 진단

☐ 조직 관리   핵심 가치, 조직문화 진단

강점 진단을 통한 구성원별 성과 기여 방식 파악

자신의 강점을 활용하여 성과를 낼 때 조직원은 만족감을 느끼고 더욱 몰입할 수 있습니다. 못하는 것을 잘하기 위해 애쓰기보다는 잘하는 것에 집중하여 탁월함을 나타낼 수 있도록 역량을 관리합니다.

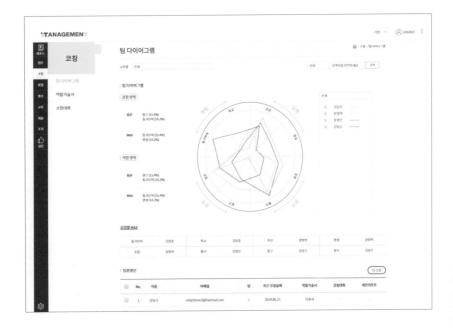

☐ 강점·재능·태도 진단

☐ 개인 및 팀 강점 리포트

☐ 강점 개발 질문

강점 발견

OKR을 통한 목표 정렬 및 상호 피드백

OKR은 조직 구성원 모두가 명료한 목표를 향해 '함께' 나아갈 수 있도록 돕습니다. 기업 목표에 개인이 연결되어 기여할 수 있는 바를 함께 정하고, 이를 리더가 효과적으로 지원할 수 있도록 합니다. 전체 조직의 목표와 업무를 한눈에 파악하고 실시간으로 소통하면서 진척도를 관리할 수 있습니다.

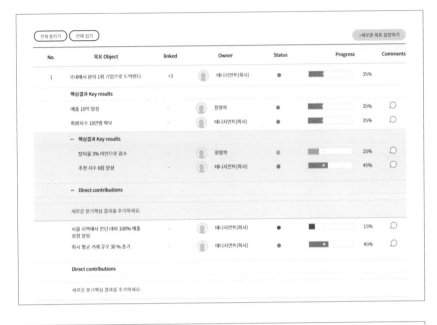

☐ 기업·팀·개인 목표 연결성 관리

☐ 업무 진척도 관리

☐ 업무 협의 및 관련 코멘트

강점 발견

1-on-1 코칭 피드백을 통한 동기부여 및 몰입도 관리

리더와 조직원이 소통을 통해 동기부여하고 강점을 개발할 수 있도록 지원합니다. 소통과 공감의 조직문화를 만들면서, 구성원의 성장과 몰입도를 관리할 수 있습니다.

☐ 강점·재능·태도 진단

☐ 개인 및 팀 강점 리포트

☐ 강점 개발 질문

사회적 인정을 통한 협력 증진 및 핵심 가치 강화

칭찬은 상대의 구체적인 행동에 대한 인정과 감사를 전하되, 다른 사람들이 함께 볼 수 있는 자리에서 공개적으로 전달하면 그 효과가 배가됩니다. 기업 핵심 가치와 강점, 태도로 구체적인 칭찬을 함으로써 조직의 긍정적인 협업 분위기를 만들고, 개개인이 자신의 가치를 인정하고 몰입할 수 있게 돕습니다.

강점 발견

☐ 회사의 핵심 가치로 칭찬

☐ 개인의 강점·재능·태도로 칭찬

☐ 칭찬 메시지 실시간 확인 및 보관

☐ 칭찬 데이터 분석

참고문헌

· Alex Linley, 《Average to A+》, Capp Press, 2008 (1부 40쪽, 42쪽)

· Brooke N Macnamara·David Z Hambrick·Frederick L Oswald(2014), 〈Deliberate Practice and Performance in Music, Games, Sports, Education, and Professions: A Meta-Analysis〉, 《Psychological Science》 25(8), 1608–1618. (1부 36쪽, 44쪽)

· Carrie Leana·Eileen Appelbaum·Iryna Shevchuk(2009), 〈Work process and quality of care in early childhood education: The role of job crafting〉, 《Academy of Management Journal》 52(6), 1169-1192. (2부 203쪽)

· Dan P McAdams·Jennifer L Pals(2006), 〈A new big five: Fundamental principles for an integrative science of personality〉, 《American psychologist,》 61(3), 204. (1부 49쪽)

· DeYoung C. G.(2010), 〈Personality neuroscience and the biology of traits〉, 《Social and Personality Psychology Compass》 4(12), 1165-1180. (1부 44쪽)

· Françoise Delamare Le Deist·Jonathan Winterton(2005), 〈What is competence?〉, 《Human resource development international》 8(1), 27-46. (1부 50쪽)

· Justin M. Berg·Amy Wrzesniewski·Jane E. Dutton(2010), 〈Perceiving and responding to challenges in job crafting at different ranks: When proactivity requires adaptivity〉, 《Journal of Organizational Behavior》 31(2-3), 158-186. (2부 191쪽)

· Paul S. Goodman·Johannes M. Pennings(1977), 〈New perspectives on organizational effectiveness〉, 《Jossey-Bass》, 1-12. (2부 207쪽)

· Robert E. Quinn·John Rohrbaugh(1981), 〈A competing values approach to organizational effectiveness〉, 《Public productivity review》 122-140. (2부 209쪽)

· Robert Kegan·Lisa Laskow Lahey, 《An Everyone Culture》, Harvard Business Review Press, 2016 (2부 236쪽)

• 권석만, 《성격심리학》, 학지사, 2017 (2부 62쪽)

• 대니얼 코일, 《탤런트코드》, 웅진지식하우스, 2009 (1부 39쪽)

• 도널드 클리프턴 · 톰 래스, 《위대한 나의 발견 강점혁명》, 청림출판, 2017 (1부 31쪽)

• 마쓰이 타다미쓰, 《기본으로 이기다, 무인양품》, 위즈덤하우스, 2019 (2부 230쪽)

• 마이크 회플링거, 《비커밍 페이스북》, 부키, 2018 (1부 186쪽)

• 마커스 버킹엄 · 도널드 클리프턴, 《위대한 나의 발견 강점혁명》, 청림출판, 2002 (1부 41쪽)

• 마커스 버킹엄 · 커트 코프만, 《유능한 관리자》, 21세기북스, 2006 (1부 40~42쪽)

• 메러더스 벨빈, 《팀이란 무엇인가》, 라이프맵 , 2012 (1부 64쪽)

• 미하이 칙센트미하이, 《몰입의 경영》, 황금가지, 2006 (1부 34쪽)

• 브라이언 리틀, 《성격이란 무엇인가》, 김영사, 2015 (1부 92쪽)

• 브래드 스톤, 《아마존, 세상의 모든 것을 팝니다》, 21세기북스, 2014 (2부 228쪽)

• 사티아 나델라, 《히트 리프레시》, 흐름출판, 2018 (2부 224쪽)

• 앤드루 S. 그로브, 《하이 아웃풋 매니지먼트》, 청림출판, 2018 (2부 232쪽)

• 이나모리 가즈오, 《왜 일하는가》, 서돌, 2010 (2부 218쪽)

• 제임스 쿠제스 · 배리 포스너, 《리더십 챌린지》, 이담Books, 2018 (2부 196쪽)

• 조안 마그레타, 《경영이란 무엇인가》, 김영사, 2004 (2부 254쪽)

• 최인철, 《굿 라이프》, 21세기북스, 2018 (1부 97쪽)

• 팀 베이커, 《평가 제도를 버려라》, 책담, 2016 (2부 258쪽)

• 피터 드러커, 《21세기 지식경영》, 한국경제신문, 2002 (1부 38쪽)

• 피터 드러커, 《피터 드러커의 자기경영노트》, 한국경제신문, 2003 (1부 27쪽)

| 유튜브 채널 |

· '스테이지5' 〈#56 제프 베조스: 아마존이 20년간 갈고닦은 비즈니스 접근법〉

https://youtu.be/I9X8X-Ixbo8 (2부 238쪽)

· 're:Work with Google'

〈Job Crafting - Amy Wrzesniewski on creating meaning in your own work〉

https://www.youtube.com/watch?v=C_igfnctYjA (2부 189쪽)

| 주석 |

1. 표준국어대사전 (50쪽)

2. 표준국어대사전 (51쪽)

3. HRD 용어사전 (51쪽)

4. Myers-Briggs Type Indicator, 미국의 심리학자 마이어스(Myers)와 브릭스(Briggs)가 융(Jung)의 심리유형론을 토대로 고안한 자기 보고식 성격유형 검사. (67쪽)

5. 미국의 심리학자 윌리엄 몰튼 마스톤(William Moulton Marston)의 이론에 기반한 심리 검사. 주도형(Dominance), 사교형(Influence), 안정형(Steadiness), 신중형(Conscientiousness)으로 구분. (67쪽)

6. Multicultural Management 학자 피에르 카세(Pierre Casse)의 책 《Teaching for the Cross-Cultural Mind》에 근간하여 개발된 의사소통 유형 검사. Action(A), Process(PR), People(PE), Idea(I)로 구분. (67쪽)

7. 순열(ermutation), 24개의 강점 중 6개의 대표 재능이 있는 경우의 수. (181쪽)

8. 위키미디어 'Dove Campaign for Real Beauty', 〈뉴욕타임즈〉 'Ad About Women's Self-Image Creates a Sensation' (192쪽)

내가 나일 수 있는 삶, 내가 나일 수 있는 조직

강점 발견

1판 1쇄 발행 2019년 12월 5일
1판 2쇄 발행 2022년 11월 17일

지은이   김봉준·장영학
펴낸이   조윤지
P R   유환민
책임편집   박지선
디자인   디자인그룹 헌드레드

펴낸곳   책비(제215-92-69299호)
주 소   (13591) 경기도 성남시 분당구 황새울로 342번길 21 6F
전 화   031-707-3536
팩 스   031-624-3539
이메일   readerb@naver.com
블로그   blog.naver.com/readerb
포스트   post.naver.com/readerb

'책비' 페이스북
www.FB.com/TheReaderPress

책비(TheReaderPress)는 여러분의 기발한 아이디어와 양질의 원고를 설레는 마음으로
기다립니다. 출간을 원하는 원고의 구체적인 기획안과 연락처를 기재해 투고해 주세요.
다양한 아이디어와 실력을 갖춘 필자와 기획자 여러분에게 책비의 문은 언제나 열려 있습니다.
•readerb@naver.com